Josef W. Seifert

Gruppenprozesse steuern

Als Moderator Energien bündeln, Konflikte bewältigen, Ziele erreichen

Herausgeber: Prof. Dr. Hardy Wagner

Josef W. Seifert

Gruppenprozesse steuern

Als Moderator
▶ Energien bündeln
▶ Konflikte bewältigen
▶ Ziele erreichen

Die Deutsche Bibliothek - CIP-Einheitsaufnahme

Seifert, Josef W.:
Gruppenprozesse steuern : Als Moderator Energien bündeln, Konflikte bewältigen,
Ziele erreichen / Josef W. Seifert. - 2. Aufl. - Offenbach : GABAL, 1996
    ISBN 3-930799-04-9

Titelillustration: G.E.L.D. Kreation, Bremen
Cover: Axel Gross, Bremen
Textillustrationen: Peter Kaste, Erlangen
Satz und Layout: Josef W. Seifert, Pörnbach-Puch
Druck und Verarbeitung: rgg Druck- und Verlagshaus, Braunschweig

Verlagsinformationen:
Jünger Service, Schumannstr. 161, 63069 Offenbach
Tel.: 069 / 84 00 03 - 22 (-0) Fax: 069 / 84 00 03 - 33

Inhalt

Zum Buch

Gruppengespräche bedürfen in aller Regel der Leitung, der Moderation. Der Leiter / Moderator des Gespräches ist dabei Spezialist für Methodik und Prozeßsteuerung. Seine Aufgabe ist es, das Miteinander in der Gruppe zu steuern, das heißt, der Gruppe zu helfen, arbeitsfähig zu werden und zu bleiben. Dies kann er dadurch erreichen, daß er einerseits in der Sache methodisch „sauber" arbeitet und andererseits den emotionalen Prozeß der Gruppe gekonnt steuert.

Erfolgreich war eine Moderation immer dann, wenn nach der Zusammenkunft alle Beteiligten mit den Ergebnissen „leben können". Gerade die Steuerung des emotionalen Gruppenprozesses leistet hierzu einen großen Beitrag. Anders ausgedrückt: Eine wenig geschickte Leitung auf der emotionalen Seite des Geschehens kann den von der Sache her durchaus möglichen Erfolg deutlich erschweren, ja sogar unmöglich machen.

In der Aus- und Weiterbildung von Moderatoren wurde ich immer wieder mit dem Wunsch konfrontiert, für diesen „feinstofflichen" Bereich des Moderierens ebenso „griffige" Methoden an die Hand zu bekommen, wie sie für die sachliche Arbeit bereits vorliegen.

Mit dem vorliegenden Buch komme ich diesem Wunsch nach. Es ist eine Erweiterung der entsprechenden Teile in meinen Büchern „Visualisieren - Präsentieren - Moderieren" und „Besprechungs-Moderation". Es enthält Bekanntes und Neues. Es gibt einen kurzen Überblick zur „Technik des Moderierens" und eine strukturierte Darstellung der wesentlichen Wissensinhalte und Techniken zur Steuerung von Gruppenprozessen auf der emotionalen Ebene.

Ich wünsche Ihnen viel Freude bei der Lektüre und ebensoviel Erfolg für die Umsetzung der Inhalte in Ihre persönliche Praxis!

Noch ein Hinweis: In diesem Buch ist vom Moderator, Teilnehmer, Gruppenmitglied ... die Rede. Ich habe diese Schreibweise gewählt, weil sie sowohl das Schreiben als auch das Lesen sehr erleichtert. Gemeint ist natürlich jeweils „die Moderatorin / der Moderator" die „Teilnehmerin / der Teilnehmer" ...

Puch, im März 1995

Josef W. Seifert

Einleitung

Zwischenmenschliche Kommunikation gestaltet sich relativ einfach, wenn nur einer „das Sagen" und die Macht, sich durchzusetzen, hat. Wenn es aber darauf ankommt, im Team zu arbeiten, Betroffene zu Beteiligten zu machen, das Know-how von Mitarbeitern zu aktivieren und zu nutzen ..., drohen anstrengende Gruppengespräche, Besprechungen, Sitzungen, Meetings. Anstrengend deshalb, weil es in den Gesprächen darauf ankommt, alle Beteiligten in die Meinungs- und Willensbildung einzubeziehen. Jeder muß sich einbringen können, mit-„streiten" dürfen und zu Beschlüssen gefragt werden. Und hier sind wir auch schon beim Problem: Je stärker sich der einzelne einbringt, je „hitziger" die Diskussion wird, desto weniger ist er in der Lage, Interessen abzuwägen, (sich) zu mäßigen, (sich) zu moderieren. Ein Gruppengespräch bedarf deshalb eines Leiters, eines Moderators.

Ein Gruppengespräch bedarf eines Moderators!

9

Der Moderator eines Gruppengespräches seinerseits muß das „Handwerk" der Moderation erlernt haben und die Kunst des Steuerns von Gruppenprozessen beherrschen.

Da sich soziale Systeme nur bedingt steuern lassen, wird ein vorausschauender Moderator zudem darauf achten, die Situation, in die er sich begibt, vorab(!) so zu gestalten, daß ein Erfolg (zumindest) wahrscheinlich ist.

Er sollte deshalb unbedingt darauf achten, daß folgende „Erfolgsvoraussetzungen" gegeben sind:

❑ Gruppengröße

Die zu moderierende Gruppe besteht aus maximal 10 Personen. Ab der elften Person steht ein Co-Moderator zur Verfügung.

Für den Fall der Moderation im Team ist es wichtig, daß man den Partner kennt und weiß, daß man mit ihm (gut) zusammenarbeiten kann. Es besteht sonst die Gefahr, daß man während der Moderation mehr mit seinem Partner beschäftigt ist als mit der Gruppe!

Soll eine große Gruppe von mehr als zwanzig Personen moderiert werden, so muß diese in mehrere kleinere Gruppen aufgeteilt werden. Im Plenum werden dann die Informationen darüber ausgetauscht, was die jeweilige Untergruppe erarbeitet hat.

❑ Teilnehmer

Die Auswahl der Teilnehmer ist einer der wichtigsten Erfolgsfaktoren für ein Gruppengespräch. Nur wenn „die richtigen Leute" vollzählig versammelt sind, kann das Gruppengespräch erfolgreich werden. Der Moderator muß deshalb darauf achten, daß folgende Punkte für die Teilnehmerauswahl ausschlaggebend waren:

■ Die Teilnehmer wurden nach dem Motto: „Soviel wie nötig und sowenig wie möglich!" eingeladen. Jeder Teilnehmer mehr erschwert die Arbeit!

■ Alle Betroffenen sind (zumindest durch einen Vertreter) einbezogen.

■ Die Teilnehmer wurden über Thema und Zielsetzung sowie die organisatorischen Details der Zusammenkunft vorab informiert.

Die Teilnehmer sollten nach dem Motto: „Soviel wie nötig und sowenig wie möglich!" eingeladen werden.

☐ Umfeld

Wenn eine Gruppe miteinander arbeiten will, muß dieses „Miteinander-Arbeiten" auch stattfinden (können), das heißt:

- Es dürfen keine Störungen und damit Ablenkungen oder gar unerwünschte Unterbrechungen vorkommen. Es muß also sichergestellt sein, daß die Gruppe ungestört arbeiten kann.

- Es müssen die benötigten Moderationsutensilien zur Verfügung stehen (vgl. Seite 22 ff).

- Der Zeitrahmen muß realistisch gewählt sein.

Zu den genannten Voraussetzungen muß eine leistungsfähige „Technik der Gruppensteuerung" auf der sachlichen und der emotionalen Ebene kommen. Was es mit diesen beiden Ebenen auf sich hat, zeigt der folgende Abschnitt.

Die Gestaltung des Umfeldes sollte mit größter Sorgfalt geschehen!

Die Sache mit den zwei Ebenen

Ob in einer Moderation oder in sonstigen Lebenslagen: Immer wenn Menschen sich einander mitteilen, tun sie dies **gleichzeitig** auf zwei Ebenen.

Einerseits sagen sie etwas über die Sache, um die es gerade geht, und andererseits sagen sie **immer** auch etwas über sich und den / die anderen.

Für die Moderation von Gruppengesprächen bedeutet dies, daß der Moderator stets auf zwei Ebenen gleichzeitig agieren muß - ob ihm das nun recht ist oder nicht. Einerseits auf der „Sach- oder Inhaltsebene", wo es um die zu besprechenden Sachen oder Inhalte geht, und andererseits auf der „Gefühls- oder Beziehungsebene", wo es darum geht, wie man sich gerade fühlt und wie man die Beziehung zu dem / den anderen sieht. In der Regel läuft der sachliche Teil offen, der emotionale Teil aber „unter der Hand" ab.

Bildlich dargestellt ist das wie bei einem Eisberg. Ein Teil ist sichtbar und der andere ist unter der Oberfläche - er ist verdeckt, aber trotzdem vorhanden. Meist wird über die verdeckte, die Beziehungs-Ebene nicht (offen) gesprochen.

Diese beiden Ebenen kommen dadurch zustande, daß wir, wenn wir etwas über eine Sache sagen (ES-Botschaft), gleichzeitig auch etwas über uns (ICH-Botschaft) und etwas über den / die Gesprächspartner sagen (DU-Botschaft). Die Sach- oder ES-Botschaft entsteht durch das gesprochene Wort, also das, was wir mitschreiben könnten. Die Beziehungsbotschaft (ICH- und DU-Botschaft) wird durch Gestik, Mimik, Tonfall etc. und durch die Situation erzeugt, in der etwas (so und nicht anders) gesagt wird.

Das folgende Schaubild zeigt diesen unvermeidlichen „kommunikativen Eisberg".

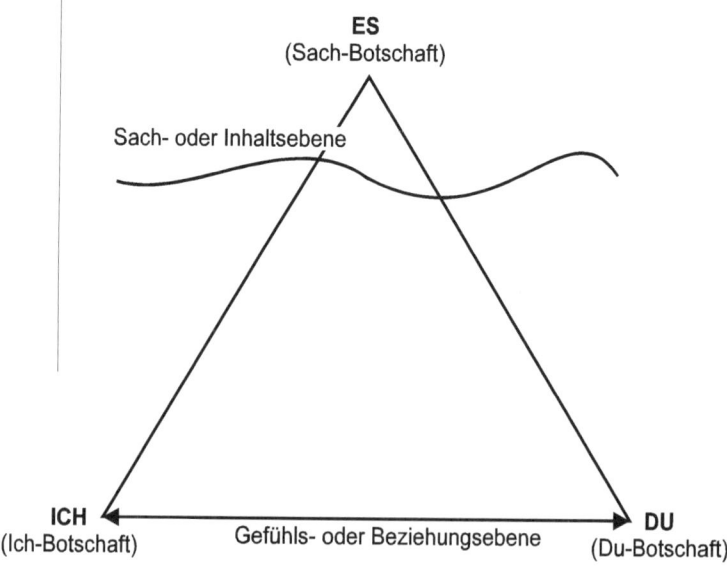

Der bekannte Appell: „Sachlich bleiben!" suggeriert die Möglichkeit, die emotionale Ebene abschalten / weglassen und ausschließlich auf der sachlichen Ebene kommunizieren zu können. **Dies** aber **ist unmöglich**!

Wenn der Moderator die Teilnehmer etwa mit den Worten: „Ich freue mich, daß Sie alle kommen konnten!" begrüßt, so sagt er damit ...

☐ auf der Sachebene:

- ES-Botschaft: „Es ist gut, daß alle erschienen sind!"

☐ auf der Beziehungsebene:

- ICH-Botschaft: „Ich bin hier der, der die Gruppe leitet!"

  vielleicht auch: „Gott bin ich froh, daß heute alle kommen konnten!"

- DU-Botschaft: „Du bist der / Ihr seid die Teilnehmer!"

  vielleicht auch: „Du bist es mir wert, daß ich freundliche, offizielle Begrüßungsworte an Dich richte!"

Schon an diesem einfachen Beispiel wird deutlich, daß die ES-Botschaft erst durch die zugehörigen Botschaften auf der Beziehungsebene gedeutet werden kann. Erst die Art und Weise, wie etwas gesagt wurde, wann und zu wem ..., läßt eine relativ sichere Entschlüsselung des Gesagten zu.

Wenn wir erfolgreich kommunizieren wollen - und ein Moderator ist auf erfolgreiche Kommunikation angewiesen(!) - müssen wir darauf achten, daß unsere ...

☐ ES-Botschaften **verständlich** sind!

Verständlichkeit (in der Sache) entsteht durch Einfachheit in der Sprache, gegliederte Vortragsweise, Kürze, Prägnanz und zusätzliche Stimulanz, wie z.B. Visualisierung (vgl. Schulz von Thun, 1987).

☐ ICH-Botschaften **ehrlich** sind!

Ehrlichkeit meint hier, dem Gesprächspartner nichts vorzuspielen, sondern offen und direkt zu sagen, was man zu sagen hat (vgl. „Feedback-Technik", S. 88).

☐ DU-Botschaften **wertschätzend** sind!

Wertschätzend ist Kommunikation dann, wenn der Gesprächspartner sich sicher sein kann, daß er als Mensch angenommen und nicht mit Argwohn oder Geringschätzung konfrontiert wird.

verständlich - ehrlich - wertschätzend

*Der Moderator muß
zwei Prozesse
simultan steuern!*

Für die Moderation von Gruppengesprächen bedeutet dies,

A daß der Moderator auf seine eigenen „Botschaften" achten muß, um ein konstruktives Arbeitsklima zu erzeugen und zu erhalten, und

B daß der Moderator in der Gruppe stets mit zwei gleichzeitig ablaufenden Prozessen zu tun hat, dem „Sachprozeß" (vgl. Seite 20 ff) und dem „Gruppenprozeß" (vgl. Seite 33 ff). Beide greifen ineinander und müssen vom Moderator **simultan** gesteuert werden.

Im folgenden werden die beiden Prozesse - der Sach- und der Gruppenprozeß - näher erläutert.

Zunächst aber geht es kurz um die Rolle und die Aufgaben des Moderators.

Der Moderator - Rolle und Aufgaben

Moderierte Gruppengespräche sind dadurch gekennzeichnet, daß die Gruppe durch einen Moderator geleitet wird. Dieser kann Mitglied der entsprechenden Arbeits- oder Projektgruppe sein, aber auch „neutraler Dritter".

Er hat darauf zu achten, daß die Meinung aller Teilnehmer gehört und berücksichtigt wird und daß niemand die Gruppe inhaltlich dominiert. Dies gilt auch für den Moderator selbst. Ihm wird diese inhaltliche Neutralität leichtfallen, wenn er inhaltlich „keine Aktien" hat. Er braucht dann „nur" zwischen den Beiträgen der Teilnehmer zu vermitteln.

Besonders schwierig wird es für ihn (und die Gruppe) dann, wenn er inhaltlich beteiligt und möglicherweise auch noch Projektleiter oder Vorgesetzter der Gruppenmitglieder ist.

In diesem Falle muß er sehr darauf bedacht sein, die Gruppe nicht inhaltlich zu dominieren und Lösungen zu produzieren, die nicht Lösungen der Gruppe, sondern seine eigenen sind! Hier gilt in besonderem Maße der Grundsatz:

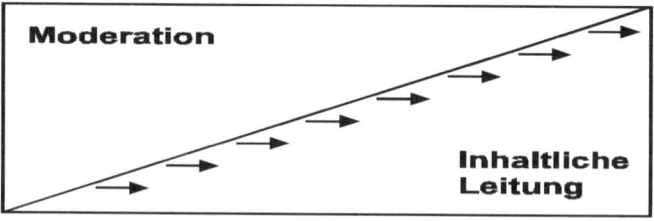

Soviel Moderation und sowenig inhaltliche Leitung wie möglich!

Der Moderator hat die Aufgabe, Betroffene zu Beteiligten zu machen und so Problemlösungen zu erzielen, die von allen Teilnehmern mitgetragen werden. Er muß sich deshalb stets darum bemühen, **alle** Gruppenmitglieder aktiv in die Arbeit einzubeziehen.

Die Methoden, die der Moderator für die Arbeit mit den Teilnehmern einsetzt, hat er speziell für diese Moderation gemäß deren Zielsetzung vorgedacht.

Vor jedem Moderationsschritt erklärt er der Gruppe sein methodisches Vorgehen und holt dafür deren Einverständnis ein. Er leitet die einzelnen Arbeitsschritte durch präzise formulierte und visualisierte Fragen ein und führt die Gruppe auch im weiteren Verlauf der Arbeit (vor allem) durch Fragen. Fragen, die von den Teilnehmern an ihn gestellt werden und sich nicht auf das methodische Vorgehen, sondern auf Inhalte beziehen, gibt er unmittelbar an die Gruppe weiter.

Teilnehmerbeiträge werden vom Moderator weder kommentiert noch bewertet. Er bemüht sich - wie bereits erläutert - um eine möglichst neutrale Haltung, denn:

> Der Moderator ist Experte für die Methodik,
> nicht für den Inhalt!

Dies soll nun nicht heißen, daß der Moderator inhaltlich ahnungslos sein sollte - ganz im Gegenteil. Der Moderator **muß** inhaltlich mitdenken können. Ist er nicht vom Fach, muß er sich vorab „schlau machen", um in der Gruppensitzung die Beiträge der Teilnehmer inhaltlich einordnen zu können. Nur so kann er den Arbeitsprozeß zielführend steuern.

Der Sachprozeß

Die Basis jeglicher Gruppensteuerung ist strukturiertes Vorgehen. Der Moderator kann sich hierzu sehr gut am „**Moderationszyklus**" als Grobstruktur für seine Arbeit orientieren. Er leistet damit „automatisch" auch einen wertvollen Beitrag zur emotionalen Steuerung der Gruppe.

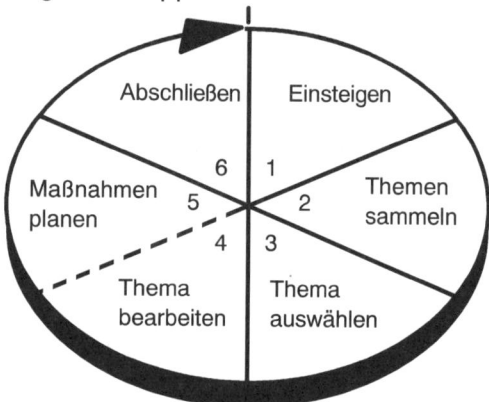

Beim Arbeiten mit dem Moderationszyklus ist es wichtig, daß der Moderator sein Vorgehen transparent macht: Er sollte beispielsweise den Moderationszyklus ans Flip-Chart zeichnen und zu Beginn der gemeinsamen Arbeit das Vorgehen kurz erläutern und dann in der Moderation konsequent danach verfahren.

Wir hatten vereinbart, nach dem Moderationszyklus zu arbeiten!

Die Sachaufgaben des Moderators

Die Sachaufgaben des Moderators lassen sich gut anhand der Phasen des Moderationszyklus' darstellen. Folgende Abbildung gibt einen Überblick über die Arbeits-Phasen, die zugehörigen Teilschritte und die jeweiligen Sachaufgaben des Moderators.

Während die Phasen „Einsteigen", „Sammeln" und „Auswählen" nur einmal stattfinden, werden die Phasen „Bearbeiten" und „Planen" für jeden **T**ages**O**rdnungs**P**unkt (**TOP**) separat durchgeführt. Das Abschließen gilt wieder der gesamten Moderation.

Phase		Teilschritt	Aufgaben des Moderators
1	**Einsteigen**	Begrüßung	Konstruktive Arbeitsatmosphäre schaffen
		Orientierung	Orientierung geben
2	**Sammeln**		Klären, an welchen Themen gearbeitet werden soll / muß
3	**Auswählen**		Klären, in welcher Reihenfolge die Themen bearbeitet werden sollen
4	**Bearbeiten** TOP 1	Ziel-vereinbarung	Zielsetzung für TOP 1 festlegen / abstimmen
		Sichten	Klären, welche Aspekte zur Bearbeitung des TOP 1 bedacht werden müssen
		Klären	Thema der Zielsetzung gemäß bearbeiten
5	**Planen**		Festlegen, wer, was, bis wann tun wird
Bearbeiten und Planen für die weiteren TOPs			
6	**Abschließen**	Reflexion	Klären, wie zufrieden die Teilnehmer mit dem Erreichten sind
		Verabschiedung	Positiv abschließen

Die Medien und Hilfsmittel zur Sacharbeit

Die klassischen Medien zur Moderation von Gruppengesprächen sind Flip-Chart und Pinwand. Daneben kommt auch mal ein Overhead-Projektor zum Einsatz. Die Hilfsmittel sind in einem Moderatorenkoffer untergebracht.

❑ Die Pinwand

Die Pinwand ist **das** Medium zur Gestaltung von Meinungs- und Willensbildungsprozessen in Gruppen. Mit Packpapier bespannt, bietet sie großzügig die Möglichkeit zur Visualisierung, und durch die weiche Pinfläche kann die Gruppe zusätzlich auch mit Karten arbeiten.

❑ Das MODERATIO™-Board

Das MODERATIO™-Board ist ein neues Hilfsmittel zur Moderation. Es ist eine Mischung aus Pinwand und Flip-Chart, eine sehr handliche „Mini-Pinwand", die auf jedes handelsübliche Flip-Chart paßt. Es wird wie eine Pinwand benutzt. Es ist **das** Medium für die Besprechungs-Moderation.

❑ Das Flip-Chart

Das Flip-Chart ist von der Visualisierungsfläche her eine „kleine Pinwand" und wird bestückt mit einem MODERATIO™-Board zur „Quasi-Pinwand". Diese Kombination eignet sich besonders zum Arbeiten in kleinen Gruppen am runden Tisch und überall dort, wo aus Platz- oder sonstigen Gründen eine große Pinwand nicht paßt.

◻ Der Overhead-Projektor

Der Overhead- oder Tageslichtprojektor ist ein in der „klassischen" Moderation eher weniger gebräuchliches Instrument. Zur Präsentation von zum Beispiel komplexen Graphiken ist er allerdings unverzichtbar. Der Nachteil ist hier eindeutig der, daß man immer nur eine Darstellung sichtbar machen (und halten) kann.

◻ Die Hilfsmittel

Die Hilfsmittel sind in der Regel in einem Hilfsmittelkoffer, dem sogenannten „Moderatorenkoffer" untergebracht. Zu den Hilfsmitteln gehören vor allem: Moderationskarten, Filzstifte, Nadeln, Klebepunkte, Klebestifte, eine Schere sowie eine Rolle Klebeband.

- - -

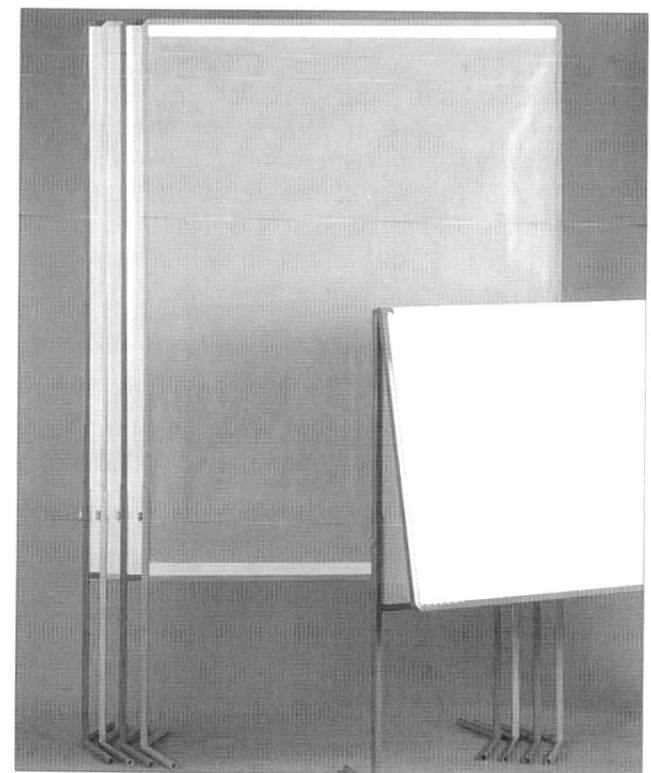

Pinwand

Moderatorenkoffer

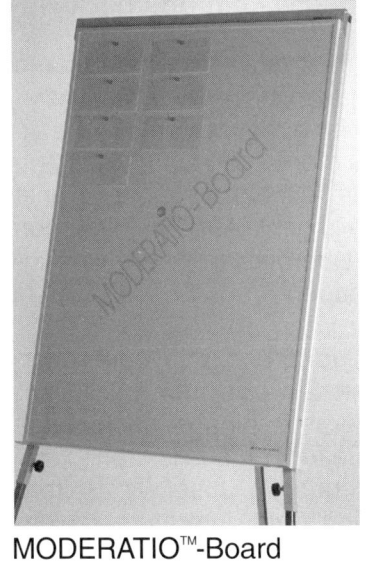

MODERATIO™-Board

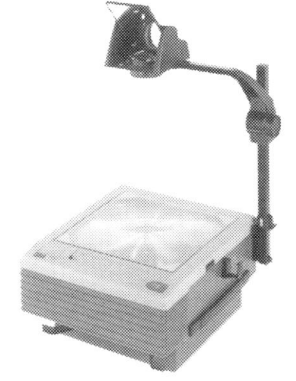

Overhead-Projektor

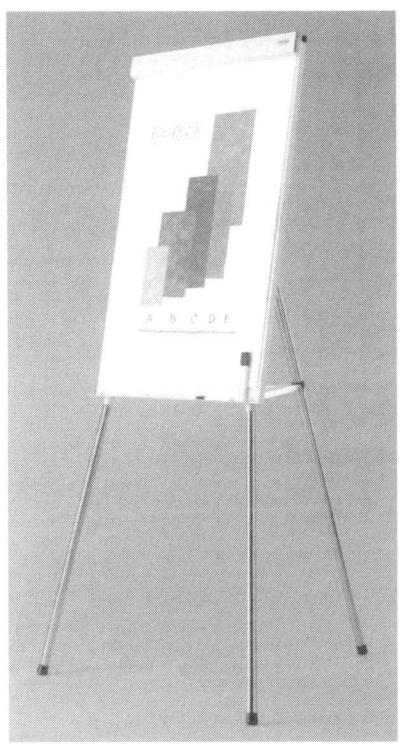

Flip-Chart

Die Methoden zur Sacharbeit - ein Überblick

Zur strukturierten Sacharbeit muß der Moderator in den einzelnen Arbeitsphasen unbedingt Visualisierungsmethoden nutzen. Nur durch systematische Visualisierung dessen, was momentan zu tun ist, kann er die Aufmerksamkeit der Teilnehmer auf den Punkt bündeln, um den es jeweils geht. Auf den folgenden Seiten finden Sie einen Überblick über die wichtigsten Visualisierungsmethoden.

Die Methoden zur Strukturierung des sachlichen Gruppenprozesses finden Sie über den in diesem Rahmen möglichen Überblick hinaus ausführllich dargestellt in: Josef W. Seifert „Visualisieren - Präsentieren - Moderieren" und in: Josef W. Seifert, „Besprechungs-Moderation" (vgl. Literaturverzeichnis, Seite 97).

Was könnten wir nur für eine Methode nehmen?

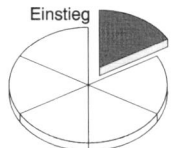

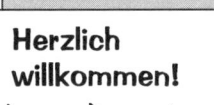

Herzlich willkommen!

... zur Teamsitzung 17

- **Thema:** Planung des neuen Jahres
- **Ziel:** Beschluß von Maßnahmen für die Aktivitäten im neuen Jahr
- **Zeitrahmen:** 10.00 - ca. 16.00 Uhr
- **Spielregeln:** - Alle Gedanken sind erlaubt!
  - Bei Erschöpfung Pause beantragen!

Eröffnungs-Flip

Einstieg

Zur Gestaltung des Einstiegs wird der Moderator zur Begrüßung und Orientierung der Teilnehmer ein(ige) „Orientierungs-Flip-Chart(s)" vorbereiten. Diese enthalten Informationen über:

- ☐ Thema der Moderation
- ☐ Angestrebte Ziele
- ☐ Zeitplan
- ☐ Regeln

Zusätzlich kann es sinnvoll sein, schon an dieser Stelle ein Blitzlicht durchzuführen (vgl. „Blitzlicht-Technik", Seite 79 ff).

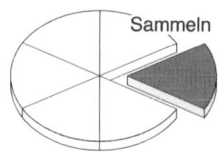

Sammeln

Worüber müssen wir sprechen?

- Projekte: Wer macht was?

- Zusätzlicher Mitarbeiter erforderlich!?

- Bürobesetzung: zusätzliche Kraft?

- Neues Programm

- Werbung

- Invest

Abfrage auf Zuruf

Sammeln

Der Moderator stellt der Gruppe die visualisierte Frage danach, welche Themen in der entsprechenden Sitzung bearbeitet werden sollen. Die von den Teilnehmern genannten Punkte listet er dann unter der Frage auf, so daß eine Liste der Themenwünsche entsteht. Die Sammlung erfolgt „auf Zuruf".

Alternativ ist es möglich, die Teilnehmer zu bitten, die Antworten auf Karten zu schreiben, und diese dann gemeinsam an eine Pinwand oder ein MODERA-TIO™-Board zu pinnen und zu Themenschwerpunkten zu sortieren.

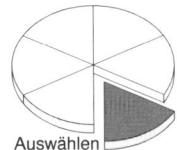

Auswählen

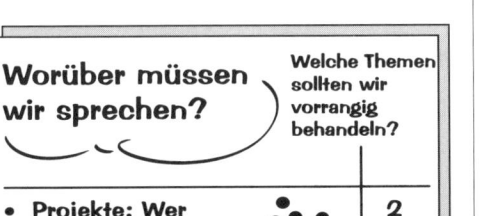

Worüber müssen wir sprechen?	Welche Themen sollten wir vorrangig behandeln?

• Projekte: Wer macht was?	••••••	2
• Zusätzlicher Mitarbeiter erforderlich!?	••	3
• Bürobesetzung: zusätzliche Kraft?	••••••	1
• Neues Programm	•	
• Werbung	•	
• Invest	•	

Punkten

Auswählen

Der Moderator stellt der Gruppe eine Auswahlfrage. Beispielsweise die, welche Themen aus Sicht der Gruppe vorrangig zu behandeln sind. Er bittet die Teilnehmer dann, diese Frage zu beantworten. Er gibt dazu jedem Gruppenmitglied Klebepunkte und fordert sie dann auf, die Punkte entsprechend den persönlichen Prioritäten an die Liste zu kleben.

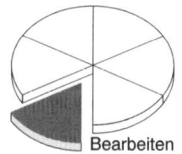

Bearbeiten

Bürobesetzung

Problem	Lösungsidee
Büro nicht durch-gängig besetzt	Zusätzliche Kraft einstellen
	Entsprechende Ansage auf Anrufbeantworter
Kapazität gering: Berichte bleiben zu lange liegen	Extern schreiben lassen
	Zusätzliche Kraft einstellen
Engpaß bei Urlaub oder Krankheit einer Person	Aushilfskraft einarbeiten
	Zusätzliche Kraft einstellen
	Telefondienst nutzen

Zwei-Felder-Tafel

Bearbeiten

Zum Bearbeiten der gesammelten Themen wird der Moderator geeignete Methoden einsetzen. In der Regel reicht eine „Zwei-Felder-Tafel" zur Themenbearbeitung aus.

Die Zwei-Felder-Tafel wird zeilenweise ausgefüllt. Die Gruppe kann damit auch in kleinen Untergruppen simultan arbeiten. So können gegebenenfalls mehrere Themen gleichzeitig bearbeitet werden.

Wenn in Kleingruppen gearbeitet wird, erstellt jede Gruppe eine „Zwei-Felder-Tafel" und präsentiert anschließend ihr Ergebnis im Plenum.

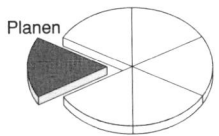

Maßnahmen

Nr.	Was?	Wozu?	Wer?	Wann?
1	Anzeige schalten	Zusätzlich Bürokraft gewinnen	Werner	noch in KW 47
2				

Maßnahmenplan

Maßnahmenplan

Der letzte inhaltliche Arbeitsschritt ist das Planen von Maßnahmen. Das Wichtigste ist hierbei, daß die Maßnahmen inhaltlich und zeitlich **so konkret wie möglich** formuliert werden, damit ...

☐ Mißverständnisse vermieden werden und derjenige, der eine Aufgabe übernommen hat, auch genau weiß, was er zu tun hat.

☐ die Gruppe auch nach Tagen oder Wochen noch weiß, was mit der entsprechenden Maßnahme gemeint war.

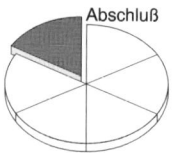

Abschluß

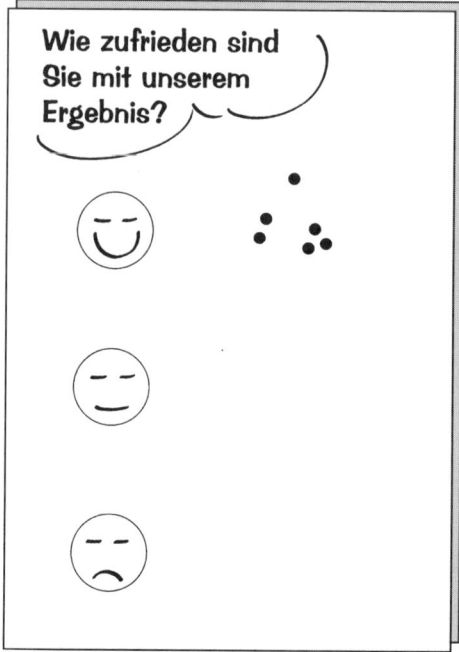

Wie zufrieden sind
Sie mit unserem
Ergebnis?

Blitzlicht

Abschließen

Zum Schluß der gemeinsamen Arbeit ist es in aller Regel sinnvoll, zurückzuschauen und die gemeinsame Arbeit zu bewerten. Dies gibt jedem Teilnehmer Gelegenheit, für sich ein Fazit zu ziehen und die anderen darüber zu informieren, „wo er jetzt steht". Die Gruppe erhält darüber hinaus gegebenenfalls Anregungen für die folgende/n Sitzung/en.

Der Moderator bittet die Teilnehmer zu diesem Zweck um die Beantwortung einer Frage durch das Kleben eines Klebepunktes (Ein-Punkt-Abfrage). Jeder Teilnehmer sollte danach Gelegenheit erhalten, seinen Punkt kurz zu kommentieren.

Der Gruppenprozeß

Das emotionale Gruppengeschehen ist in einer moderierten Gruppe nicht die Hauptsache, aber die wichtigste Nebensache! Das Gelingen des emotionalen Prozesses ist eine Conditio sine qua non für den Erfolg der gemeinsamen Arbeit.

Der Moderator ist also stets doppelt gefordert. Zu den bereits dargestellten „Sach-Phasen" (Einsteigen, Sammeln, Auswählen, Bearbeiten, Planen und Abschließen) kommen die „Gruppen-Phasen":

☐ Orientieren (und Strukturieren)
☐ Arbeiten
☐ Abschließen

Ziel des Moderators muß es sein, daß die Gruppe nach dem Beginn der Veranstaltung möglichst bald auch emotional ihre volle Arbeitsfähigkeit erreicht und sich diese so lang wie möglich erhält. Nachstehende Abbildung zeigt idealtypisch das Zusammenspiel der Phasen auf der Sachebene (Sachprozeß) und der Beziehungs- oder Gefühlsebene (Gruppenprozeß), das der Moderator anstreben sollte.

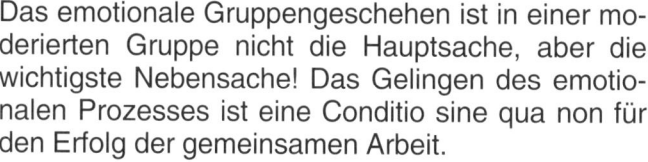

Jede Phase des Gruppenprozesses hat Charakteristika, aus denen heraus sich spezifische Aufgaben für den Moderator ergeben. Untenstehende Tabelle zeigt diesen Zusammenhang im Überblick.

Die erste Phase ist der Orientierung und Strukturierung gewidmet!

Phases / Aufgaben	Orientierung und Strukturierung	Volle Arbeitsfähigkeit	Abschluß
Charakteristika der Gruppenphase	Orientierung brauchen - Wie läuft das hier ab?	Arbeitslust	Wunsch, „keine offenen Enden" zu hinterlassen
	Nähe suchen und Distanz bewahren wollen	Gegenseitige Akzeptanz	Letzte Fragen zur Umsetzung der Beschlüsse
	Anleitung brauchen und Unabhängigkeit bewahren wollen	Relative Offenheit	Bewertung der geleisteten Arbeit
	Seinen Platz finden wollen: Wer ist „stärker", wer ist „schwächer" als ich?	Konflikte werden leicht bewältigt	Abschluß- / Abschiedsstimmung
Aufgaben des Moderators	Alles formal Klärbare klären	Konsequente Nutzung der Moderationstechnik	Der Gruppe zu einem sachlich „sauberen" Abschluß verhelfen
	Den Teilnehmern (zumindest verbalen) Kontakt ermöglichen	Alle einbeziehen	Den Teilnehmern helfen, auch emotional abzuschließen
	Teilnehmern helfen, ihre Bedürfnisse zu äußern - auch kritisch	Störungen bearbeiten	Die Moderation positiv abschließen

Phase 1: „Orientieren"

Um in einer Gruppe erfolgreich kommunizieren zu können, muß man sich dort sicher fühlen, das heißt, man muß sich sicher sein können, daß man mit seinem Verhalten nicht „aneckt". Man muß seinen Platz in der Gruppe gefunden haben.

Dazu muß man wissen, was man in dieser Gruppe darf und was man unterlassen sollte, was paßt und was unpassend ist. Darüber hinaus ist es günstig, die einzelnen Gruppenmitglieder mit ihren Stärken und Schwächen zu kennen und zu wissen, worauf der einzelne eventuell „allergisch reagiert". Zumindest eine grobe „Einschätzung des Gegenübers" sollte möglich sein.

Letztlich geht es darum, ein Gefühl dafür zu bekommen, wer in der Gruppe etwas zu sagen haben wird und wer (eher) nicht; also darum, wie die (vorläufige) „Hackordnung" aussehen wird.

All das kann man in einer (neuen) Gruppe zunächst nicht wissen. Deshalb ist jeder Teilnehmer zu Beginn der gemeinsamen Arbeit - zusätzlich zur Orientierung in der Sache (vgl. Seite 27) - damit beschäftigt, diese Fragen für sich zu klären.

Die Teilnehmer brauchen immer erst Orientierung!

Diese Orientierung und Strukturierung, die „automatisch" abläuft, kann weder verhindert noch übersprungen werden, sie kann lediglich gestaltet werden. Sie bindet Aufmerksamkeit und Energien und behindert die Gruppe in der Erledigung ihrer eigentlichen Aufgabe, dem Bearbeiten der Sachthemen.

Der Moderator sollte diese Phase unbedingt aktiv (mit-)gestalten, um der Gruppe möglichst schnell zur (vollen) Arbeitsfähigkeit zu verhelfen.

Der Einsatz folgender „Techniken" erleichtert der Gruppe die Orientierung:

- Den „Anfang vor dem Anfang" nutzen
- Alles formal Klärbare klären
- Positives Arbeitsklima schaffen
- Kontakt zwischen den Teilnehmern herstellen
- Die Teilnehmer abholen, wo sie stehen

Was für den Einstieg paßt, muß der Moderator vorab entscheiden!

„Techniken" zur Gestaltung der Orientierung

☐ Den „Anfang vor dem Anfang" nutzen!

Die Teilnehmer an einer moderierten Veranstaltung treffen in aller Regel nicht gleichzeitig ein. Dies ist für den Moderator die beste Gelegenheit - schon vor der Veranstaltung - mit dem einzelnen Teilnehmer Tuchfühlung aufzunehmen und mit den jeweils schon Anwesenden ins Gespräch zu kommen. Eine Tasse „Begrüßungskaffee" lockert die Situation zusätzlich auf.

Ziel ist es dabei, sich zu „beschnuppern", Kontakt zu bekommen, Fremdheit ab- und Vertrautheit aufzubauen und damit den Boden für das gemeinsame Arbeiten zu bereiten.

☐ Alles formal Klärbare klären!

Der Moderator sollte keine Gelegenheit versäumen, Transparenz und damit Orientierung zu schaffen. Am Anfang der Veranstaltung kann er dazu etwa:

- Den Zeitplan bekanntgeben / abklären
- Die Themen bekanntgeben / abklären
- Die Zielsetzung abstimmen / formulieren
- Die Vorgehensweise bekanntgeben / klären

☐ Positives Arbeitsklima schaffen

Ein positives, konstruktives Arbeitsklima ist für den Moderator (mindestens) „die halbe Miete". Er kann (und muß!) zu dessen Entstehung entscheidend beitragen. Neben den beiden oben bereits genannten Punkten kann er dazu etwa ...

... Blickkontakt zu allen Teilnehmern aufnehmen und halten,

... die Teilnehmer immer wieder mit Namen ansprechen,

... bewußt aktiv zuhören,

... auf Wünsche und Vorschläge der Teilnehmer soweit irgend möglich eingehen,

... die Einstiegsphase zügig gestalten, dabei aber ruhig und ohne Hektik arbeiten.

☐ Kontakt zwischen den Teilnehmern herstellen

Der einzelne kann in der Gruppe nur Orientierung gewinnen, wenn er die Gelegenheit hat, mit den anderen Gruppenteilnehmern in Kontakt zu treten. Diesen Kontakt sollte der Moderator bewußt ermöglichen! Dies ist um so wichtiger, je weniger sich die Teilnehmer kennen. Das Kennenlernen sollte auf keinen Fall

Der Moderator sollte den Kontakt bewußt ermöglichen!

unterschätzt werden. Es gibt erste Gelegenheit, sich zu „beschnuppern", ohne auch schon zu Inhalten Stellung beziehen zu müssen.

Es kann daher durchaus sinnvoll / erforderlich sein, eine - mehr oder weniger ausführliche - Vorstellungsrunde durchzuführen. Wichtig ist hierbei, daß sie der Situation angemessen und den Teilnehmern hilfreich ist.

❒ Die Teilnehmer abholen, wo sie stehen

Zu Beginn einer Moderation ist es wichtig, zu erfahren, wie der einzelne Teilnehmer zu Thema und Zielsetzung der geplanten Arbeit steht. Nur wenn dies offengelegt ist, kann darüber auch offen gesprochen werden (vgl. „Blitzlicht-Technik", Seite 79 ff).

Regelbildung in der Orientierungsphase

Eine zentrale Rolle für das Geschehen in Gruppen - und damit auch für die Steuerung von Gruppenprozessen - spielen Regeln. Es ist daher klug, die Regelbildung bewußt zu gestalten und zeitig in Angriff zu nehmen, damit sich nicht Regeln etablieren, die nicht gewollt und wenig hilfreich sind.

Für den Moderator ist es deshalb ein Muß, die folgenden Fragen für sich zu klären:

A Was sind Regeln?
B Wie entstehen Regeln?
C Welche Regeln brauche ich?

Diesen Fragen wird im folgenden nachgegangen.

A) Was sind Regeln?

Regeln sind generelle Handlungsanweisungen, die uns das Leben leichter machen. In all den Situationen, die grundsätzlich ge-regel-t sind, brauchen wir nicht immer wieder zu überlegen, wie wir uns zu verhalten haben. Die Regel gibt es vor. Wir sind im Alltag von solchen Regel(unge)n umgeben. „Wenn du jemanden triffst, den du kennst, dann grüße ihn!" „Vor dem Verlassen des Lokales ist die Rechnung zu begleichen!" oder „Ist die Ampel rot, bleibe stehen!" sind Beispiele dafür. Auch für Gruppengespräche gibt es Regeln, wie etwa: „Zu einer Sitzung ist pünktlich zu erscheinen!" „Wenn der Leiter spricht, sei still!" oder „Wenn du etwas sagen willst, melde dich zu Wort!"

Was für Regeln **grundsätzlich** gilt, gibt folgende Übersicht wieder.

Für Regeln gilt:

❏ Regeln sind notwendig - sie geben Verhaltenssicherheit.

❐ Regeln sind generelle Handlungsanweisungen von der Art: „In der Situation vom Typ X tue Y!"

❏ Regeln gelten für eine Gruppe; sie müssen nicht auch außerhalb dieser Gruppe Gültigkeit haben: „Bei uns ...!"

❏ Die Nicht-Einhaltung von Regeln wird sanktioniert: „Wer nicht pünktlich ist ...!"

❏ Regeln entstehen „von allein", durch Tun einerseits und Dulden andererseits (Gewohnheitsrecht), aber auch durch explizite Vereinbarung.

B) Wie entstehen Regeln?

Regeln entstehen „von allein" und durch explizite Vereinbarung. Beide Arten der Regelbildung werden im folgenden erläutert.

Regeln entstehen „von allein"

Da man sich nicht **nicht** verhalten kann und *jedes* Verhalten wirkt, hat der Moderator nicht die Wahl, **ob** er wirkt oder nicht, sondern nur die, **wie** er wirkt. Er beeinflußt durch sein Verhalten das Miteinander in der Gruppe, auch wenn er keinen Ton sagt: Sein Verhalten hat Regelcharakter!

Das simpleste Beispiel für Regelbildung (in der Orientierungsphase) ist die Pünktlichkeit. Ist der Moderator pünktlich, werden sich die Gruppenmitglieder darauf einrichten, ebenso wenn er „regel-mäßig"(!) zu spät kommt.

Wußten Sie übrigens schon, daß Duldung als Zustimmung interpretiert wird?

Ein Grundsatz für den Modertor lautet deshalb:

Verhalte dich (von Anfang an) so,
wie du möchtest,
daß sich die Teilnehmer verhalten!

41

Wenn sich der Moderator vorbildlich verhält, ist das natürlich noch keine Garantie dafür, daß nicht trotzdem Regeln einreißen, die nicht gewollt sind. In diesem Falle muß er eine Störung anmelden, die Situation klären und gegebenenfalls eine neue Regel vereinbaren. Er kann hierzu die „Feedback-Technik" (vgl. Seite 88 ff) benutzen.

Regeln entstehen durch Vereinbarung

Für jede Gruppe bestehen - wie bereits angesprochen - per se vereinbarte Regeln, nämlich die der gesellschaftlichen Normen, im Rahmen derer das Geschehen in der Gruppe abläuft. Innerhalb dieses Rahmens wird sich die Gruppe zusätzlich an den Regeln orientieren, die sie für sich vereinbart.

Für die Moderation von Gruppengesprächen ist es im allgemeinen hilfreich, schon zu Beginn der gemeinsamen Arbeit Regeln für das gemeinsame Tun zu vereinbaren. Diese sollten allerdings auf einige wenige beschränkt bleiben, um die Gruppe nicht zu überfordern.

Regeln entstehen durch Vereinbarung!

42

Die **Entscheidung** darüber, ob eine Regel vorab eingeführt werden sollte, ist **anhand folgender „Gewissensfragen"** im Grunde ganz einfach zu treffen:

☐ Ist die Regel verzichtbar?

Die Regel „Es spricht nur einer zur gleichen Zeit!" ist am Anfang der Veranstaltung sicher verzichtbar. Sie unterstellt, daß sich die Teilnehmer in der Arbeitsphase mit Sicherheit gegenseitig ins Wort fallen werden. Ein Beweis dafür liegt allerdings (noch) nicht vor.

Die Regel „Jeder darf hier einbringen, was er für wichtig hält!" hingegen muß bereits am Anfang eingeführt werden. Wird diese Regel erst nach Schritt 3 „Sammeln" eingeführt, ist sie nahezu sinnlos, da die Inhalte bereits eingebracht wurden.

☐ Ist die Regel verstehbar?

Es nützt nichts, wenn der Moderator Regeln einführen will, die von den Beteiligten nicht verstanden (und / oder innerlich abgelehnt) werden. Eine Regel ist nur wirksam, wenn sie alle verstehen und über die Notwendigkeit der Vereinbarung und Einhaltung Einigkeit besteht!

Für das Einführen von Regeln gilt **grundsätzlich**, daß **Einigung** darüber zu erzielen ist, ob diese Regel für die Gruppe gelten soll oder nicht. Der Moderator muß also, nachdem er eine Regel vorgestellt und damit vorgeschlagen hat, die Gruppe fragen, ob sie bereit ist, diese Regel zu akzeptieren und sich entsprechend zu verhalten.

Die Ausnahme davon sind Regeln, deren Einhaltung er als absolutes Muß für sein Tun voraussetzt. Dies könnte etwa die Regel sein: „Ich arbeite nur, wenn wir vollzählig sind!" Diese Regel gilt für ihn persönlich und muß nicht von der Gruppe getragen werden.

Das Einführen von Regeln kann vorab, aber auch während des Arbeitsprozesses sinnvoll / erforderlich sein. Ob der Moderator eine Regel vorab oder erst im Bedarfsfalle einführt, hängt von der Gruppe und der Zielsetzung der gemeinsamen Arbeit ab. Hierfür kann keine allgemein gültige Vorgehensweise definiert werden.

Der Moderator muß sich allerdings vorab überlegen, welche Regel(n) er in der Orientierungsphase einführen muß und welche er im weiteren Verlauf der Arbeit benötigen könnte. Der Abschnitt C gibt über praxisbewährte Regeln Auskunft.

C) Welche Regeln brauche ich?

Es gibt eine Reihe praxisbewährter Regeln, auf die der Moderator zurückgreifen kann. Die wichtigsten werden im folgenden vorgestellt.

❑ Störungen haben Vorrang!

Bei Störungen wie Vorbehalte, Ärger, Uneinigkeit, Müdigkeit oder Lustlosigkeit ist eine inhaltliche (Weiter-) Arbeit nicht sinnvoll. Störungen dieser Art müssen bearbeitet werden. Da die Gruppenmitglieder eine derartige Störung häufig gar nicht wahrnehmen - sie merken vielleicht nur, daß „irgendwas nicht stimmt" - ist es vor allem die Aufgabe des Moderators, sie zu erkennen und anzusprechen. Dies ist natürlich nicht immer leicht, da es Zeit kostet und einen Konflikt heraufbeschwört.

Daß Störungen angesprochen werden sollen, kann der Moderator aber schon vorab mit der Gruppe vereinbaren. Zum Ansprechen einer Störung im laufenden Prozeß kann er sich dann der „Feedback-Technik" bedienen oder / und die „Blitzlicht-Technik" zur Prozeßevaluierung benutzen. Diese sind im Abschnitt „Interventionstechniken" auf Seite 71 ff dargestellt.

Störungen haben Vorrang!

☐ Jeder ist für den Erfolg (mit-)verantwortlich!

Die Verantwortung für den Erfolg einer Gruppensitzung wird häufig an den Moderator delegiert. Es ist daher - vor allem bei ungeübten Gruppen - sinnvoll, die Rolle des Moderators als „Prozeßberater" deutlich zu machen. Auch wenn der Moderator die Doppelrolle als Moderator und Vorgesetzter, Projektleiter ... zu spielen hat (vgl. S. 9 f), ist er nicht alleinverantwortlich für den Erfolg des Gruppengespräches; sonst hätte er ja die Gruppe nicht einzuladen brauchen!

Er muß deshalb schon in der Orientierungs-phase (er)klären, daß jeder Teilnehmer zur Problembearbeitung und Lösungsfindung gebraucht wird und seinen Teil der Verantwortung zu tragen hat.

❑ Sprich per „ich" und nicht per „man", wenn du dich meinst!

Diese Regel will die Teilnehmer veranlassen, zu ihren Aussagen zu stehen, statt sich hinter einem anonymen „man" zu verbergen. Die Kommunikation wird dadurch echter / ehrlicher.

❑ Sprich für dich - nicht für andere!

Diese Regel zielt darauf ab, daß jeder ausschließlich in seinem Namen spricht und auf Interpretationen (weitestgehend) verzichtet. Es ist dann unzulässig, davon zu sprechen, was andere gesehen, empfunden, gemeint ... haben könnten, sollten, müßten .... Jeder sollte davon sprechen, was er gesehen ... hat und / oder die anderen Gruppenmitglieder fragen, wie sie etwas verstanden, erlebt ... haben. Die Kommunikation in der Gruppe wird dadurch authentischer und klarer, der Umgang miteinander ehrlicher und leichter.

❑ Es spricht immer nur einer zur gleichen Zeit!

Nur das Engagement aller Gruppenmitglieder garantiert den Erfolg einer Moderation. Wenn sich dies allerdings in einem „Durcheinanderreden" äußert, das den geregelten Fortgang der gemeinsamen Arbeit behindert, ist es sinnvoll, diese Regel vorzuschlagen.

*Es sollte immer
nur einer reden!*

☐ Sprich zu den Anwesenden, nicht über sie!

Wenn sich in der Gruppe die Tendenz breit
macht, anwesende Gruppenmitglieder nicht
persönlich anzusprechen, sondern das Gespräch über den Umweg Moderator zu führen,
sollte der Moderator dies zum Anlaß nehmen,
eine entsprechende Regel vorzuschlagen.
Das Gespräch kann nur dann erfolgreich sein,
wenn die Teilnehmer auch direkt miteinander
reden.

☐ Fasse dich kurz!

Detailwissen verleitet dazu, dieses auch aus-
zubreiten. Da in einer gut vorbereiteten Moderation nur Teilnehmer sitzen, die zur Problembearbeitung gebraucht werden, also Detailwissen besitzen, ist die Gefahr groß, daß die
Wortbeiträge breit werden. Das Engagement
für die Sache kommt erschwerend hinzu.
Wenn in einem Gruppengespräch die Beiträge
der einzelnen Mitglieder so lang werden, daß
der Fortgang der gemeinsamen Arbeit dadurch behindert wird, ist es angebracht, dies

zu thematisieren (vgl. „Feedback-Technik",
Seite 88 ff) und das „Fasse dich kurz!" vorzuschlagen.

Die genannten Regeln sind **„Standardregeln"** mit
Beispielcharakter. Die passende Regel muß der Moderator in der jeweiligen Situation selbst (er)finden.
Notfalls wird er die Gruppe fragen, wie denn nun zu
verfahren sei und wie eine entsprechende Spielregel
formuliert sein könnte. Dies hat zweierlei Vorteile:
Einerseits befaßt sich die Gruppe intensiver mit der
entsprechenden Situation und der dafür passenden
Regel, und andererseits braucht der Moderator die
Gruppe nicht für eine Regel zu gewinnen, die von ihr
selbst formuliert wurde.

Das dargestellte „Regel-Zeitpunkt-Portfolio" gibt ab-
schließend einen groben Überblick über den richtigen Zeitpunkt zur Einführung der vorgestellten
Regeln.

Regel einführen ...	... am Anfang	... im Prozeß
Störungen haben Vorrang!	X	
Jeder ist für den Erfolg (mit-)verantwortlich!	X	
Sprich per „ich" und nicht per „man"!		X
Sprich für dich und nicht für andere!		X
Es spricht immer nur einer zur gleichen Zeit!		X
Sprich zu den Anwesenden, nicht über sie!		X
Fasse dich kurz!		X

Regel-Zeitpunkt-Portfolio

Phase 2: „Arbeiten"

Der Moderator hat sachliche und psychologische Aufgaben!

In dieser Phase geht es darum, die Inhalte zu bearbeiten, für die die Gruppensitzung einberufen wurde.

Für ein konzentriertes Arbeiten an der Sache ist es wichtig, daß vorher für die Teilnehmer ausreichend Orientierung möglich war. Ist dies nicht der Fall, wird sich die Orientierung in die Arbeitsphase hineinziehen. Der Übergang von der Orientierungs- in die Arbeitsphase wird zwar immer fließend sein, jedoch sollte das Arbeiten nicht mehr durch Orientierungsfragen und „Positionskämpfe" belastet sein. Die Teilnehmer sollten jetzt die Möglichkeit haben, ihre volle Aufmerksamkeit der inhaltlichen Arbeit zu widmen.

Natürlich wird (auch) die Arbeitsphase mit sozialen Fragen belastet sein. Der Moderator muß deshalb auch hier neben seinen Sachaufgaben, also dem Abarbeiten des Moderationszyklus' (vgl. „Sachprozeß", Seite 20 ff), (gruppen)psychologische Aufgaben erfüllen.

Seine Aufgaben sind vor allem:

☐ Darauf achten, den „Zeitkuchen" einigermaßen gleichmäßig zu verteilen, indem er „Vielredner" bremst und stillere Teilnehmer einbezieht.

☐ Mitvisualisieren, um die gemeinsame Arbeit weitestgehend zu strukturieren und zielgerichtet ablaufen zu lassen.

☐ Das jeweilige Ziel im Auge behalten, damit sich die Gruppe nicht „verzettelt".

☐ Die Gruppe anleiten, konkrete Ergebnisse / Maßnahmen zu formulieren, um sicherzustellen, daß die gemeinsame Arbeit auch „Früchte trägt".

Die schwierigste Aufgabe in dieser Phase ist das Meistern „schwieriger Moderationssituationen", der Umgang mit Konflikten. Möglichkeiten, derartige Situationen zu bewältigen, sind auf den folgenden Seiten dargestellt. Den „Techniken" geht eine kurze Darstellung der grundsätzlichen Zusammenhänge voraus.

Der Zeitkuchen sollte einigermaßen gleich verteilt werden!

Schwierige Situationen meistern - oder: Der Umgang mit Konflikten

Konflikte treten in Gruppen natürlicherweise immer wieder auf, und sie müssen bearbeitet werden! Sie unter den Teppich zu kehren kann dazu führen, daß auf der Basis des „Als-ob" gearbeitet wird. Die Gruppenmitglieder tun beispielsweise so, als ob sie mit der Bearbeitung des Themas einverstanden wären, weil keiner den Mut hat, offen zuzugestehen, daß er aufgrund der vorausgegangenen Grundsatzentscheidung seitens der Geschäftsleitung frustriert ist und an dem Thema überhaupt nicht mitarbeiten möchte. Die Widerstände werden in der Moderation unübersehbar, aber möglicherweise bis zum Schluß unausgesprochen sein. Die unzulängliche Tragfähigkeit der auf dieser Basis erreichten Beschlüsse liegt auf der Hand.

Die Fragen, die sich für den Moderator daraus ergeben, sind:

☐ Welche Arten von Konflikten gibt es, und wodurch können diese in einem Gruppengespräch entstehen? - Die Frage nach den **Konfliktarten**.

☐ Wodurch entstehen Konflikte? - Die Frage nach möglichen **Konfliktursachen**.

☐ Woran kann ich einen Konflikt erkennen? - Die Frage nach den **Anzeichen**.

☐ Wie gehe ich mit einem Konflikt um? - Die Frage nach der **Konfliktbearbeitung**.

Diese Fragen sollen im folgenden geklärt werden.

Konfliktarten

Wenn zu einem Menschen ein zweiter kommt, ist die Wahrscheinlichkeit hoch, daß es zwischen den beiden auch mal zu unterschiedlichen Vorstellungen über dies oder das, zu Meinungsverschiedenheiten, kurz zu Konflikten kommt. Der gesunde Menschenverstand sagt uns, daß dies gar nicht anders sein kann. Konflikte sind also eine ganz natürliche Erscheinung, auch in Gruppen. Dennoch fallen Konflikte nicht vom Himmel, sie entstehen, und das (meist) nicht plötzlich.

Wie die Graphik unten zeigt, hat jeder Konflikt eine (mehr oder weniger lange) Geschichte - er ist zunächst verdeckt und kommt irgendwann an die Oberfläche, er bricht auf. Damit sind nun auch schon die beiden großen Konfliktarten unterschieden: **der verdeckte Konflikt** und **der offene Konflikt**.

Ein (noch) verdeckter Konflikt kann nicht direkt beobachtet werden, sondern kann nur aus beobachtbaren Anzeichen (vgl. Seite 55) erschlossen werden. Der offene Konflikt hingegen ist unschwer am „offenen Streit" erkennbar.

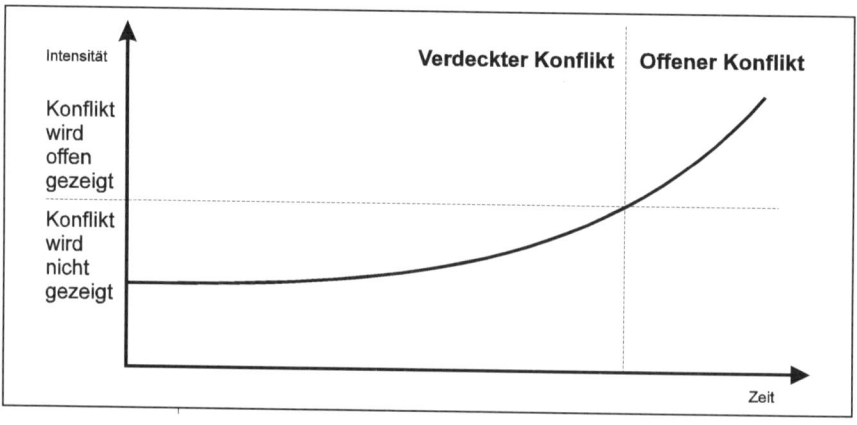

Konfliktursachen

Konflikte können schon vor der Veranstaltung entstanden sein; sie werden in den Gruppenprozeß hineingetragen. Aber es gibt auch Konfliktursachen, die erst in der aktuellen Gruppensituation entstehen.

Beispiele für typische Konfliktursachen sind:

☐ Mißverständnisse

Man redet aneinander vorbei.

☐ Unterschiedliche Zielvorstellungen

Die Gruppe / einzelne können sich nicht auf ein gemeinsames Ziel einigen.

☐ (Scheinbare) Unlösbarkeit von Aufgaben

Die Gruppe hat den Eindruck, daß sie die Aufgaben / Probleme nicht lösen kann.

Mißverständnisse können zu Konflikten führen!

☐ Persönliche Frustration

Jemand darf nicht rauchen, kommt nicht zu Wort, ...

☐ Unterschiedliche persönliche Bedürfnisse

A will Pause machen, B will weitermachen.

☐ Ungünstiges Kommunikationsverhalten

Jemand kommt andauernd zu spät, beschuldigt prinzipiell andere, ...

Damit ist die Liste der möglichen Konfliktursachen ganz sicher nicht erschöpft. Was auch immer im konkreten Fall Ursache eines Konfliktes sein mag, das wichtigste ist, daß der Moderator einen Konflikt frühzeitig erkennt und bearbeitet, um dadurch größeren Schaden verhindern zu können. Doch woran erkennt man einen Konflikt?

Ungünstiges Kommunikations-verhalten kann Konflikte provozieren!

54

Anzeichen für einen Konflikt

Während ein offener Konflikt unschwer am „offenen Streit" erkennbar ist, läßt sich ein (noch) verdeckter Konflikt, wie bereits angesprochen, nicht direkt beobachten. Er kann nur aus beobachtbaren Verhaltensweisen der Gruppenmitglieder erschlossen werden.

Solche Anzeichen, die den Moderator hellhörig werden lassen sollten, sind:

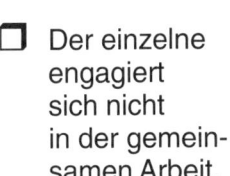

☐ Der einzelne engagiert sich nicht in der gemeinsamen Arbeit.

Bei „Spitzen" muß der Moderator hellhörig werden!

☐ Argumente werden mit großer Heftigkeit vorgetragen.

☐ Mitglieder sind ungeduldig miteinander.

☐ Gruppenmitglieder sind nicht (mehr) bereit, aufeinander einzugehen.

☐ Teilnehmer äußern Zweifel am Sinn der Gruppensitzung (wirken frustriert).

☐ Es sind subtile persönliche Angriffe gegeneinander, Spitzen erkennbar.

Empfängt der Moderator derartige „Signale", sollte er nicht zu lange zögern, den Konflikt zu bearbeiten.

Konfliktbearbeitung - Allgemeines

Für die Bearbeitung eines Konfliktes braucht der Moderator leistungsfähige Techniken. Einerseits für den verdeckten und andererseits den offenen Konflikt.

☐ Verdeckter Konflikt

Da ein verdeckter Konflikt nur aus erkennbaren Anzeichen, wie große Heftigkeit in der Argumentation, kein Engagement in der Bearbeitung etc., erschlossen werden kann, muß der erste Schritt des Moderators sein, zu überprüfen, ob er mit seiner Vermutung „richtig liegt". Hierzu kann er sich der „Blitzlicht-Technik" (vgl. Seite 79 ff) bedienen. Das weitere Vorgehen hängt dann vom Ergebnis des „Blitzlichtes" ab.

Wenn sich der Konflikt „an der Oberfläche" abspielt, also mit dem Geschehen in der Gruppe zu tun hat (Gruppe hat ihrem Empfinden nach zuwenig Pausen, Vorgehen erscheint umständlich, ...), so kann dies unmittelbar be-

Die Anzeichen für einen verdeckten Konflikt sollte der Moderator erkennen!

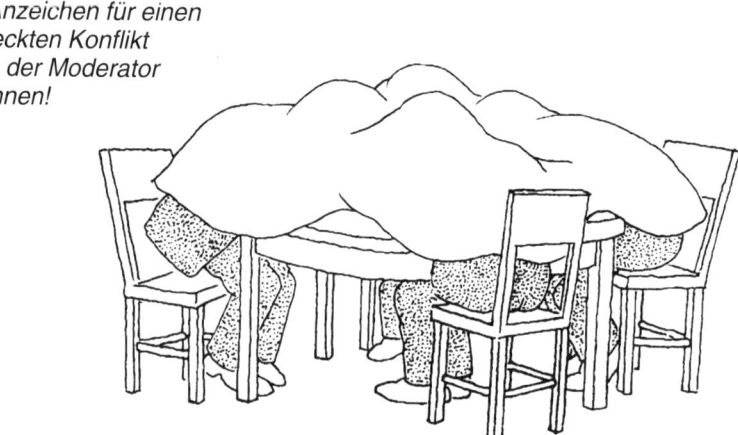

sprochen und die Arbeit fortgesetzt werden. Handelt es sich um etwas, was „tiefer geht" (Grundsatzentscheidung, auf der die gemeinsame Arbeit aufbauen soll, wird in Frage gestellt, ...), so muß möglicherweise die Arbeit am vorgesehenen Thema unterbrochen oder ganz abgebrochen werden. Es wird ein „Situationsberater" dazugeholt (vgl. Seite 67) oder die Arbeit vertagt, bis die grundsätzlichen Dinge geklärt sind.

Notfalls ist ein „Situationsberater" hinzuzuziehen!

Zur Bearbeitung eines verdeckten Konfliktes kann man in folgenden Schritten vorgehen:

■ Blitzlicht durchführen (vgl. Seite 79 ff)

■ Gruppe fragen, was sie vorschlägt:

  - „Wie gehen wir damit um?"
  - „Was machen wir jetzt?"
  - „Wie soll es jetzt weitergehen?"

■ Weiteres Vorgehen absprechen

■ Kontrakt darüber herstellen!

■ Weiterarbeit gemäß Gruppenbeschluß

Offener Konflikt

- Ein offener Konflikt ist unmittelbar am offenen Streit erkennbar. Der Moderator muß in diesem Falle sofort, entschieden und direktiv die Auseinandersetzung unterbrechen.

- Im zweiten Schritt muß der Moderator dafür sorgen, daß jeder der Beteiligten kurz schildern kann, was vorgefallen und aus seiner Sicht Ursache des Konfliktes ist.

  Der Moderator achtet darauf, daß jeder ausreden darf und der jeweils andere zuhört!

- Im dritten Schritt läßt der Moderator die Beteiligten das als Wunsch an den jeweils anderen formulieren, was der einzelne brauchen würde, um das Kriegsbeil wieder begraben zu können. Ziel dieses Schrittes ist es, einen Weg zu finden, wie jetzt weiterverfahren werden kann.

- Ist ein „Modus vivendi" gefunden, stellt der Moderator einen Kontrakt über den gefundenen Weg her und prüft durch Nachfragen nochmals ab, ob das Vereinbarte auch so o.k. geht, **und verfährt dann entsprechend**.

Ist der Graben so tief, daß der Konflikt im Rahmen der Sitzung nicht bearbeitet werden kann, ist es vielleicht möglich, sich darauf zu verständigen, diesen Konflikt für die Dauer der Sitzung auszuklammern. Schlimmstenfalls muß der Moderator die Sitzung abbrechen.

Konfliktbearbeitung - Beispiele

Jeder Konflikt ist eine Herausforderung für den Moderator, er muß ihn „irgendwie" bewältigen. Für eine Reihe typischer schwieriger Situationen, in die jeder Moderator früher oder später mal gerät, sind im folgenden mögliche Vorgehensweisen zur Bearbeitung skizziert.

❏ Die Gruppe ist falsch zusammengesetzt

> Moderierte Arbeit geht davon aus, daß zur Lösung von Problemen jeweils die richtigen Leute zusammenkommen, und das sind jeweils die Betroffenen (oder deren Vertreter). Stellt der Moderator fest, daß eine entscheidende Person fehlt oder (statt dessen) Leute anwesend sind, die inhaltlich „keinerlei Aktien haben", so muß er die Arbeit unterbrechen, dieses „Dilemma" zum Thema machen und mit der Gruppe nach einer Möglichkeit für eine sinnvolle (Weiter-) Arbeit suchen. Er kann hierzu die „Feedback-Technik" (vgl. Seite 88 ff) nutzen.

❏ Die Gruppe akzeptiert den vom Moderator vorgeschlagenen Weg nicht

Der Moderator ist der Berater der Gruppe, der als Methodenspezialist den Weg zur Problemlösung gestaltet. Er macht der Gruppe Vorschläge zum Vorgehen, die von dieser aber nicht immer (so ohne weiteres) akzeptiert werden.

Es kann passieren, daß die Gruppe den vorgeschlagenen Weg nicht akzeptiert!

Wenn die Gruppe den vom Moderator vorgeschlagenen Weg zur Problembearbeitung
nicht akzeptiert, macht es keinen Sinn, gegen
diesen Widerstand zu arbeiten. Ganz im Gegenteil, der Moderator muß **mit** der Gruppe
gehen. Aber Achtung: Nicht ohne Not die eige-
ne Methodik in Frage stellen! Allzu leichtes
Nachgeben führt möglicherweise zu einer
(unnötigen) Methodikdiskussion. Im vorliegenden Fall ist es allerdings unumgänglich, nach
den Gründen für die Ablehnung zu fragen und
dann abzuwägen, was der bessere Weg ist.

Auf jeden Fall muß der Moderator eine Kon-
frontation zwischen sich und der Gruppe vermeiden und gemeinsam mit der Gruppe den
Weg suchen, der nun gegangen werden soll.
Dies ist letztlich vielleicht doch der vom Moderator ursprünglich vorgeschlagene, es kann
aber auch ein anderer Weg sein.

❐ Die Gruppe „dreht sich im Kreis"

Die für eine Problembearbeitung gewählte
Vorgehensweise muß nicht zwangsläufig zum
Erfolg führen. Es kann passieren, daß man
„auf dem Holzweg" ist und irgendwann merkt,
daß man sich „im Kreise dreht". In diesem Fall
ist es das beste, getreu dem Motto „Lieber ein
Ende mit Schrecken als ein Schrecken ohne
Ende!" einen Schnitt zu machen und **neu** zu
starten.

Der Moderator kann hierzu die Situation offen
ansprechen: *„Ich habe den Eindruck, wir dre-
hen uns im Kreis. Ich schlage deshalb vor, wir
unterbrechen die Arbeit an dieser Stelle und
versuchen nach einer kurzen Pause mal was
anderes - o.k.?"*

❏ Die Gruppe gerät in Zeitnot

Bevor eine moderierte Gruppensitzung organisiert wird, wird der Zeitbedarf dafür geschätzt und die Planung darauf abgestimmt. Trotzdem kann es passieren, daß die Gruppe in Zeitnot gerät. Der Moderator, der ja prozeßbegleitend das weitere Vorgehen planen muß, sollte die Gruppe darauf aufmerksam machen, wenn er merkt, daß die Zeit knapp wird bzw. werden könnte. Die Gruppe kann dann (noch in Ruhe!) überlegen, wie sie damit umgehen will. Sie kann etwa:

- Die Veranstaltung verlängern
- Arbeitspakete an Untergruppen geben
- Eine Folgeveranstaltung vereinbaren

Auch wenn Zeitnot entsteht, darf der Moderator den Kopf nicht verlieren!

❏ In der Gruppe gibt es persönliche Angriffe

Kommt es in der Gruppe zu persönlichen Angriffen in Form von unsachlichen oder emotional heftigen, ironischen oder beleidigenden Äußerungen gegenüber anderen Gruppenmitgliedern oder dem Moderator, sollte der Moderator versuchen, den entsprechenden Beitrag zu versachlichen, indem er ganz konkret wird.

Dies bedeutet, daß er nicht mit einer Zurecht-weisung oder einem Gegenangriff reagiert, sondern den Beitrag ernst nimmt und hinter-fragt, wie denn das Gesagte zu verstehen sei, was damit gemeint sei oder wo der Sprecher den Zusammenhang zum Thema sehe, was die Gruppe nun damit anfangen solle, ... (vgl. „Frage-Technik", Seite 72 ff). Ziel ist es, dem / den Betroffenen bewußtzumachen, daß der Moderator dieses Verhalten nicht dulden wird, und ihn / sie dadurch zum Einlenken zu bewe-gen. Reicht dies nicht aus, hat der Moderator zwei Möglichkeiten:

■ In der nächsten Pause die betreffende(n) Person(en) um ein persönliches Gespräch bitten und die Situation klären. Er kann sich hierzu der „Feedback-Technik" (vgl. Seite 88 ff) bedienen.

■ Die sachliche Arbeit unterbrechen und mit der Gruppe Meta-Kommunikation betreiben (siehe „Blitzlicht-Technik", Seite 79 ff).

☐ Die Teilnehmer kommen und gehen

Bei betriebsinternen Moderationen kommt es vor, daß Teilnehmer aus den verschiedensten Gründen kurz mal weg müssen. Wenn dies wiederholt vorkommt, muß der Moderator eine Störung anmelden, bevor sich eine entspre-chende Regel etabliert (vgl. Seite 41 f „Regeln entstehen durch Tun"). Er sollte die Situation mit der „Feedback-Technik" (vgl. Seite 88 ff) klären.

☐ Ein Vielredner dominiert die Gruppe

Es kommt häufig vor, daß in einer Gruppe ein sogenannter Vielredner sitzt, der durch seine (mehr als) ausführlichen Beiträge die Gruppe dominiert und sich ein übergroßes Stück vom „Zeitkuchen" nimmt.

Der Moderator muß in diesem Fall gezielt gegensteuern. Er kann hierzu zum Beispiel ...

- die Beiträge unterbrechen und dadurch zu verkürzen versuchen, daß er sich bemüht, durch Nachfragen „auf den Punkt" zu kommen (vgl. „Fragetechnik", Seite 72 ff).

- den Kerngedanken des Beitrages mitvisualisieren (vgl. S. 93 ff, „Visuelle Diskussion").

- die Gruppe zum Gesagten Stellung nehmen lassen.

- den einen oder anderen Beitrag erst gar nicht zulassen, indem er gezielt andere Teilnehmer, z.B. „Stille", anspricht.

... den einen oder anderen Beitrag erst gar nicht zulassen!

❏ Hierarch irritiert die Gruppe

Moderation will Betroffene zu Beteiligten machen. Da aber bekanntlich „zu viele Köche den Brei verderben", sitzen in einer moderierten Gruppe auch nur die Personen, die für das entsprechende Gespräch erforderlich sind.

Erforderlich kann für die Zielerreichung natürlich auch „ein Hierarch", etwa der Vorgesetzte der Teilnehmer sein. Dies ist nicht per se problematisch oder falsch. Ein Problem wird es nur dann, wenn dieser „aus der Rolle fällt", sich nicht (mehr) wie ein „normaler Teilnehmer" benimmt, sondern die Gruppe dominiert oder irritiert.

Die Gefahr ist besonders dann gegeben, wenn nicht klar ist, ob der Vorgesetzte als „Teilnehmer unter Teilnehmern" oder in der Funktion des Vorgesetzten anwesend ist und agiert.

Ist dies der Fall, so muß der Moderator - etwa in der nächsten Pause - das persönliche Gespräch mit dem „Störenfried" suchen und eine Rollenklärung vornehmen. Denn: Die Erwartungen an einen Teilnehmer sind andere als die an einen Vorgesetzten!

Manchmal muß der Moderator ein „Pausengespräch" führen!

Exkurs: Die Sache mit der „Rolle"

Die Rolle, die jemand zu spielen hat, ergibt sich aus den Erwartungen an die Position, die er (momentan) innehat, und aus der Situation, in der man sich gerade befindet. Die Erwartungen an einen Vorgesetzten in der Führungssituation sind andere als die an einen Mit-Teilnehmer in einem Gruppengespräch. Irritation und / oder Ärger entstehen deshalb immer dann, wenn die Gruppe das eine Verhalten erwartet, aber das andere erlebt. Bei einem Vorgesetzten im Gruppengespräch kann das sein:

**Rolle „Vorgesetzter
in der Führungssituation"**

Erwartungen an einen
Vorgesetzten sind etwa:

☐ Gibt Ziele vor

☐ Bewertet Leistungen

☐ Trifft Entscheidungen

**Rolle „Teilnehmer
im Gruppengespräch"**

Erwartungen an einen (Mit-)
Teilnehmer in einem Gruppengespräch sind etwa:

☐ Integriert sich

☐ Versucht nicht
zu dominieren

☐ Stellt Vorschläge
zur Diskussion

Aus dem Gesagten ergibt sich, daß der Moderator immer dann, wenn ein außergewöhnlicher Teilnehmer dabeisein soll oder will, - möglichst vorab(!) - klären muß, in welcher Rolle dieser dabei sein kann, um trotzdem störungsfreies Arbeiten zu gewährleisten.

Für die Organisation der Teilnahme eines außergewöhnlichen Gruppenmitgliedes gibt es grundsätzlich zwei Möglichkeiten:

- Er wird als Teilnehmer in der Runde - für die gesamte Sitzungsdauer - gebraucht, etwa weil er Informationen hat, die für die Gruppe unverzichtbar sind, oder weil er Entscheidungen treffen kann oder muß, die, wenn sie nicht sofort getroffen werden können, den weiteren Arbeitsfortschritt be-/verhindern.

Er wird in diesem Fall in der Rolle des Primus inter pares während der gesamten Dauer dabeisein. Seine Rolle wird vom Moderator möglichst vorab geklärt.

Ein Teilnehmer kann „Primus inter pares" sein.

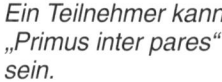

Die Rolle wird vom Moderator vorab geklärt!

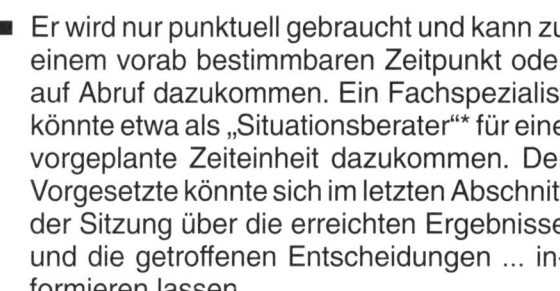

■ Er wird nur punktuell gebraucht und kann zu einem vorab bestimmbaren Zeitpunkt oder auf Abruf dazukommen. Ein Fachspezialist könnte etwa als „Situationsberater"* für eine vorgeplante Zeiteinheit dazukommen. Der Vorgesetzte könnte sich im letzten Abschnitt der Sitzung über die erreichten Ergebnisse und die getroffenen Entscheidungen ... informieren lassen.

Die Klärung, wie die Teilnahme konkret gestaltet werden soll, ist vom Moderator - in Abstimmung mit der Gruppe - möglichst **vorab** vorzunehmen.

Wenn sich ein „problematischer Teilnehmer" selbst zur Veranstaltung einlädt oder „in die Veranstaltung platzt", wird ihn der Moderator als normalen Teilnehmer behandeln. Wenn dies nicht klappt, wird er - wie bereits angesprochen - das persönliche Gespräch suchen und eine Klärung herbeiführen. Hierzu wird ihm die „Feedback-Technik" (vgl. Seite 88 ff) gute Dienste leisten.

----

* Der „Situationsberater" ist ein Element aus der Mitarbeiter-Gruppen-Arbeit. Vgl. hierzu: Josef W. Seifert / Rolf Kraus, Mitarbeiter-Gruppen, 2. Auflage, GABAL-Verlag, Bremen 1994

Phase 3: „Abschließen"

Die letzte Gruppenphase ist das Abschließen. Die inhaltliche Arbeit ist getan. Jetzt geht es darum, einen positiven Ausklang zu finden. Ziel dieser Phase ist es, daß die Teilnehmer die Veranstaltung in positiver Stimmung und mit dem festen Vorsatz, die beschlossenen Maßnahmen in die Tat umzusetzen, verlassen. Der Moderator kann hierzu:

☐ Dafür sorgen, daß (inhaltlich) nichts offen bleibt.

Die inhaltliche Arbeit muß an dieser Stelle getan sein. Hat die Zeit nicht gereicht, um alle Themen befriedigend zu bearbeiten, wurde bereits geplant, wie die Gruppe damit umgehen wird (vgl. Seite 61, „Die Gruppe gerät in Zeitnot"). Sind noch Punkte offen, ist es jetzt „höchste Eisenbahn" zu vereinbaren, wie damit weiterverfahren werden soll. Der Moderator sollte keinesfalls offene Enden zulassen, da diese - auch wenn die Gruppe gut gearbeitet hat - das Gefühl vermitteln, die Arbeit nur unfertig und unvollkommen erledigt zu haben.

☐ Rückschau halten.

Am Ende einer Moderation ist es sinnvoll, zurückzublicken und die gemeinsame Arbeit nochmals kurz Revue passieren zu lassen. Der Moderator kann hierzu die „Blitzlicht-Technik" (Seite 79 ff) verwenden. Geeignete Fragen könnten an dieser Stelle des Gruppenprozesses sein:

- Haben wir unser Ziel erreicht?
- Wie haben wir zusammengearbeitet?
- Was hat mir gut gefallen, was weniger?

Der Moderator muß dafür sorgen,
daß nichts offen bleibt!

❒ Einen „Blick in die Zukunft" inszenieren.

Auch der Blick nach vorne kann am Ende einer
Zusammenkunft sinnvoll sein. Dies ist vor allem dann der Fall, wenn die Gruppenmitglieder sich viel vorgenommen haben. Als
Methode eignet sich hierfür am besten ein
„verbales Blitzlicht" (vgl. Seite 79). Passende
Fragen könnten sein:

■ Worauf müssen wir jetzt besonders achten?
■ Was wird für mich in der Umsetzung beson-
  ders schwer werden?
■ Wie wird es für mich sein, wenn wir unser
  Ziel erreicht haben?

❒ Den Teilnehmern danken.

Problemlösearbeit ist harte Arbeit, nicht nur für
den Moderator. Der Moderator sollte die Arbeit
der Gruppe deshalb ausdrücklich anerkennen!

☐ Die Teilnehmer positiv verabschieden.

Die Teilnehmer sollen die Veranstaltung möglichst in positiver Stimmung verlassen. Der Abschluß sollte, der Situation angemessen, so positiv wie möglich ausfallen. Hierzu kann ein Gläschen Sekt gehören, aber auch „nur" ein positives Schlußwort.

☐ Den „Schluß nach dem Schluß" nutzen.

Auch der „Schluß nach dem Schluß" ist wichtig. Die Veranstaltung sollte getreu dem Motto: „Der erste Eindruck ist wichtig, der letzte bleibt!" ruhig ausklingen und nicht in Hektik münden. Der Moderator kann hierzu etwa:

■ Für ein paar (informelle) Worte im kleinen Kreis Zeit haben.

■ Sich von jedem Teilnehmer (mit ein paar netten Worten) persönlich verabschieden.

Der Moderator sollte sich um einen positiven Abschluß bemühen!

Interventionstechniken

Für das Steuern von Gruppenprozessen gibt es in der Moderation einige **zentrale Interventionstechniken**, die unabhängig von konkreten Störungen Anwendung finden. Im einzelnen sind das:

❑ Fragetechnik

   Mit der Fragetechnik kann der Moderator durch gezieltes Fragen auftretende Unklarheiten beseitigen und „Killerphrasen" effektiv begegnen.

❑ Blitzlicht-Technik

   Diese Technik der „Meta-Kommunikation" dient dazu, Moderationssituationen besprechbar zu machen. Meta-Kommunikation meint dabei das „Kommunizieren übers Kommunizieren", also das Sprechen über die aktuelle Gesprächs- oder Moderationssituation.

❑ Feedback-Technik

   Die Feedback-Technik ist eine wirkungsvolle Technik zur konstruktiven Bearbeitung von Störungen. Sie dient der Rückmeldung von Erlebnisinhalten an einen / die Gruppenteilnehmer.

❑ Technik der visuellen Diskussion

   Die visuelle Diskussion ist eine Möglichkeit, das Geschehen in der Gruppe zu straffen. Sie hilft, breite Einzelbeiträge und Diskussionen auf den Punkt zu bringen.

Die Fragetechnik

Was?

Die Fragetechnik ist in der Moderation ein zentrales Instrument zur Steuerung der Gruppenprozesse.

Wann?

Einerseits dienen Fragen dem Einstieg in jeden Arbeitsschritt, andererseits führt geschicktes Nachfragen das Gespräch weiter, wenn es an einer Stelle angelangt ist, an der es eigentlich nicht mehr weitergeht.

Wozu?

Fragen und Nachfragen dienen dazu, das Gespräch zielgerichtet in Gang zu bringen und Gesprächsblockaden aufzulösen.

Wie?

Die Fragetechnik für die Moderation von Gruppengesprächen läßt sich in folgende zwei Hauptgruppen untergliedern:

Der Moderator muß zwei Arten des Fragens beherrschen!

A) Fragen

☐ Visuelle Fragen

Der Moderator sollte jeden Arbeitsschritt mit einer **visualisierten** Frage, der sogenannten „Impuls- oder Einstiegsfrage", beginnen. Die Frage für den Punkt „Sammeln" könnte ganz einfach lauten: „Worüber müssen wir in dieser Sitzung sprechen?"

Wenn die Frage nicht nur verbal gestellt wird, sondern auch visualisiert wurde, können die Antworten entsprechend zugeordnet werden. Sie bleiben sichtbar und können für die weitere Arbeit genutzt werden (vgl. „Der Sachprozeß", Seite 20 ff).

Worüber muß gesprochen werden?

Welche Themen stehen an?

Was muß heute noch erledigt werden?

Was ist jetzt noch offen?

☐ Verbale Fragen

Im laufenden Gruppenprozeß ist für den Moderator die zentrale Frage zur Steuerung von Gruppengesprächen **die „zurückgegebene Frage"**.

Immer dann, wenn der Moderator aus der Gruppe etwas zur Sache gefragt wird, gibt er diese Frage sofort wieder in die Gruppe zurück.

Ein Beispiel:

Teilnehmer (zum Moderator gewandt): *„Wer soll diesen Punkt bei der Geschäftsleitung ansprechen?"*

Moderator (zur Gruppe gewandt): *„Ja, was meinen die anderen: Wer soll diesen Punkt bei der Geschäftsleitung ansprechen?"*

Der Moderator kann nur durch diese „Technik der zurückgegebenen Frage" seine (inhaltliche) Neutralität wahren!

Sobald er beginnt, inhaltliche Fragen zu beantworten, entsteht Rollenkonfusion. Er kommt in große Gefahr, zum Teilnehmer zu werden (vgl. „Die Sache mit der Rolle", Seite 65 ff) und seiner Moderatorenaufgabe nicht mehr gerecht werden zu können.

Das Beantworten von inhaltlichen Fragen bringt den Moderator in Rollenkonfusion!

B) Nachfragen

Die „Nachfrage-Technik" ist die Technik, die dem Moderator die Möglichkeit gibt, auch schwierige Gesprächssituationen zu bewältigen und die Arbeit weiterzuführen. Sie hilft:

☐ Blockaden aufzulösen
☐ Unspezifische Begriffe zu konkretisieren
☐ Verallgemeinerungen zu relativieren
☐ Implizite Annahmen zu überprüfen
☐ Vergleiche zu konkretisieren

Im folgenden werden nun die einzelnen Gesprächssituationen und deren Bewältigung anhand von Beispielen erläutert. Grundsätzlich sollte es so sein, daß der Moderator wenig hilfreiche Aussagen, sogenannte „Killerphrasen", nicht stehen läßt, sondern hinterfragt und so die Arbeit in der Gruppe konstruktiv und effektiv hält.

☐ Blockaden auflösen

Blockaden sind Aussagen, wie: „Das ist unmöglich!" oder „Das kann ich nicht!" Blockaden suggerieren im Gespräch das Ende einer Sackgasse; das Gespräch könnte hier zu Ende sein.

Durch gezieltes Nachfragen, wie:

■ „Was genau ist unmöglich?"
■ „Was müßte passieren, damit es geht?"
■ „Was bräuchten Sie, um es zu können?"

können Blockaden aufgelöst und das Gespräch weitergeführt werden.

☐ Unspezifische Begriffe konkretisieren

Aussagen, wie „Das ist mir zu ungenau!" oder „So ist das keine vernünftige Sache!" enthalten unspezifische Begriffe. Die Fortführung des Gespräches ist nach einer derartigen Aussage erst dann sinnvoll, wenn geklärt wurde, was der jeweilige Begriff aus Sicht des Sprechers bedeutet.

Fragen hierzu könnten sein:

■ „Was meinen Sie mit 'ungenau'?"
■ „Was bedeutet für Sie 'so'?".
■ „Wie würde eine 'vernünftige Sache' aussehen?"

☐ Verallgemeinerungen relativieren

Verallgemeinerungen sind Aussagen, wie: „Das sehen doch alle so!" oder „Das wird doch überall so gemacht!" Sie unterstellen, daß es nur **einen** Weg gibt, nämlich den vom Sprecher genannten, und nehmen so andere Ansätze aus dem Blick.

Durch gezieltes Nachfragen kann der Moderator Verallgemeinerungen „aushebeln"!

Durch gezieltes Nachfragen, wie:

- „Wie könnte man es sonst noch sehen?"
- „Wer ist in diesem Falle *alle*?"
- „Überall?"

werden Verallgemeinerungen relativiert und andere Sichtweisen möglich.

 Implizite Annahmen überprüfen

Implizite Annahmen sind Aussagen, wie: „Der will doch bloß nicht!" oder „Da macht unser Chef doch nie mit!" Aussagen dieser Art spiegeln Wissen vor, das meist gar keines ist. Es wäre unklug, auf einer derartigen „Wissensbasis" das weitere Gespräch aufzubauen.

Durch gezieltes Nachfragen, wie etwa:

- „Wie kommen Sie darauf, daß der nicht will?"
- „Was könnte man tun, damit der Chef doch mitmacht?"
- „Was macht Sie so sicher, daß der Chef nicht mitmachen wird?"

können die Annahmen überprüft und hilfreiche Informationen gewonnen werden.

☐ Vergleiche konkretisieren

Vergleiche sind Scheinbelege dafür, warum etwas hier und jetzt nicht möglich ist. Durch Aussagen, wie: „Das ist doch damals auch nicht gegangen!" oder „Das geht doch bei Müller auch!" will der Sprecher die Richtigkeit seiner Aussagen belegen und andere Sichtweisen ad absurdum führen.

☐ Durch gezieltes Nachfragen, wie:

- „Was war damals nicht möglich?"
- „Was genau geht bei Müller?"
- „Wie macht es Müller genau?"

werden Vergleiche auf ihre Gültigkeit überprüft und relativiert.

Gezieltes Nachfragen ist ein wirkungsvolles Instrument zur Bearbeitung von Störungen. Der Moderator muß dabei aber unbedingt einen Verhör-Effekt vermeiden, um nicht beim Gesprächspartner Aggressionen aufzubauen.

Wenn er mit einem Teilnehmer „nicht weiterkommt", muß er darauf achten, das Problem nicht zu seinem Problem zu machen. Statt dessen sollte er **immer wieder die Gruppe einbeziehen** (vgl. „Zurückgegebene Frage", Seite 73 f)!

Der Moderator muß immer wieder die Gruppe einbeziehen!

Die Blitzlicht-Technik

Was?

„Blitzlicht" meint eine Momentaufnahme dessen, was momentan an Standpunkten, Empfindungen oder Wünschen im Raum ist. Ein Blitzlicht kann grundsätzlich auf zwei unterschiedliche Arten durchgeführt werden, und zwar als visuelles und als verbales Blitzlicht.

☐ Visuelles Blitzlicht

Der Moderator stellt der Gruppe eine an Flip-Chart, MODERATIO™-Board oder Pinwand visualisierte Frage und bittet den einzelnen Teilnehmer, die Frage durch Kleben eines Punktes zu beantworten und anschließend seinen Punkt kurz zu kommentieren. Auf Seite 85 sind einige Beispiele eines visuellen Blitzlichtes dargestellt.

☐ Verbales Blitzlicht

Üblich ist auch eine ausschließlich verbale Variante. Hier bittet der Moderator die Gruppe, zu einem speziellen Anliegen oder einer Frage eine kurze Stellungnahme abzugeben.

Da bei dieser Art des Blitzlichtes die persönliche Stellungsnahme nicht dokumentiert wird, ist es hier besonders wichtig, darauf zu achten, daß das Blitzlicht sehr „sauber" angeleitet wird und die Teilnehmer nicht beginnen, die Nennungen zu kommentieren oder gar zu diskutieren (vgl. „Wie?", Seite 82 ff).

Wann?

Grundsätzlich kann ein Blitzlicht zu jedem Zeitpunkt des Moderationsprozesses durchgeführt werden. Die Standardsituationen, in denen es eingesetzt wird, sind:

- ❑ Einstieg
- ❑ „Zwischenbilanz"
- ❑ (Tages-)Abschluß

Wozu?

Mit der Blitzlicht-Technik kann man verschiedene Effekte erzielen, wie beispielsweise:

❑ Die Teilnehmer dort „abholen, wo sie stehen".

Jeder Teilnehmer kommt mit seinem spezifischen Informationsstand und mit einer mehr oder weniger konkreten Meinung zur Sache in die Sitzung.

Der Moderator sollte die Teilnehmer abholen, wo sie stehen!

Es kann deshalb sinnvoll oder gar erforderlich sein, erst einmal festzustellen, wo der einzelne momentan steht, um im folgenden darauf aufbauen zu können.

Auf diese Weise können Vorannahmen überprüft, Informationsdefizite vorab behoben, Standpunkte verstehbar und besprechbar werden.

☐ Kontakt herstellen.

Die Teilnehmer brauchen zu Beginn der Zusammenkunft Orientierung; die Gruppe muß sich strukturieren (vgl. Seite 35 ff). Dies kann nur über die Kommunikation der Teilnehmer miteinander geschehen. Die Teilnehmer brauchen (deshalb) Kontakt zueinander.

☐ Standpunkte, Meinungen und Wünsche transparent und damit besprechbar machen.

Auch wenn es „knirscht im Getriebe", also der Moderator das Gefühl hat, daß es nicht so läuft, wie es laufen müßte, empfiehlt es sich, ein Blitzlicht durchzuführen, um Klarheit darüber zu bekommen, was getan werden kann oder muß, „um den Kahn wieder flott zu kriegen".

☐ Prozeßbegleitende Planung durchführen.

Eine Moderation läßt sich nicht exakt vorausplanen. Jedes Planen ist immer ein Stück weit ein „Planen des Unplanbaren", denn wer weiß schon, wie es im Prozeß sein wird? Der Moderator muß deshalb kontinuierlich parallel zur Arbeit mit der Gruppe das weitere Vorgehen planen. Dies kann er nur, wenn er weiß, wo der einzelne, wo die Gruppe momentan steht. Eine derartige Standortbestimmung ist immer dann angezeigt, wenn sich der Moderator nicht mehr so ganz sicher ist, „was momentan Sache ist".

Wie?

Ein „Blitzlicht" ist ein kurzes Statement jedes Teilnehmers zu einer vom Moderator gestellten Frage. Es
wird vom Moderator ganz bewußt inszeniert. Damit
es gelingt, muß es einigen Bedingungen genügen.
Ein professionell durchgeführtes Blitzlicht ist ...

☐ gezielt,
☐ geleitet,
☐ positiv,
☐ situationsbezogen.

*Ein Blitzlicht muß gezielt,
geleitet, positiv und
situationsbezogen sein!*

Die folgenden
Ausführungen
beschreiben diese
Forderungen im
einzelnen.

☐ Gezielt

Es gibt viele Aspekte des Gruppengesche-
hens, die für den Moderator von Bedeutung
sind und zu denen er von der Gruppe Informationen braucht. Deshalb ist es unbedingt erforderlich, daß er sich vor der Durchführung eines
Blitzlichtes genau überlegt, was er momentan
abfragen muß / will.

Die folgenden Fragen sind Beispiele für mögliche Blitzlicht-Fragen. Sie sind nach den unter
„Wann?" (Seite 80) genannten Zeitpunkten
gegliedert.

- Einstieg:

  - Was verspricht sich der einzelne vom bevorstehenden Arbeitstreffen?

  - Was ist der Informationsstand des einzelnen zum Thema der Gruppensitzung?

- Zwischenbilanz

  - Wie zufrieden ist die Gruppe mit dem bisher Erreichten?

  - Wie geht es dem einzelnen in der Gruppe momentan?

- (Tages-)Abschluß

  - Was hat die Moderation aus Sicht des einzelnen gebracht?

  - Was sollte beim nächsten Mal wieder so, was anders gemacht werden?

Ein Blitzlicht ist als Tagesabschluß gut geeignet!

□ Geleitet

Jeder Arbeitsschritt muß vom Moderator eingeführt und kurz erklärt werden, bevor er getan
wird, so auch das Blitzlicht.

Für ein Blitzlicht gilt:

■ Jeder sagt, soviel oder sowenig er mag!

■ Die Aussagen des einzelnen sind Mitteilun-
gen an den Moderator und / oder die Gruppe
- sie werden nicht kommentiert und nicht
diskutiert! Nur Verständnisfragen sind erlaubt.

■ Die Teilnehmer verständigen sich im Prozeß
über die Reihenfolge, oder der Moderator
bittet darum, einfach reihum kurz zum Ge-
fragten Stellung zu nehmen.

□ Positiv

Ein Blitzlicht muß so angelegt sein, daß es
einen positiven Effekt hat und die Gruppe (und
der Moderator) damit nicht „den elgenen Ohr-
feigen hinterherlaufen". Ein Blitzlicht, das nur
dem Genörgel der Gruppenmitglieder dient,
führt nicht weiter. Ein Blitzlicht muß konstruktiv,
in die Zukunft gerichtet, muß positiv sein!

Positiv wird ein Blitzlicht vor allem durch die
Fragestellung. Auch wenn die Moderation
„nicht gerade berauschend" war, ist es möglich, positiv zu fragen.

Eine Blitzlicht-Frage zum Abschluß einer Moderation könnte unter diesem Vorzeichen lauten:

- "Was haben wir heute gelernt, was sollten wir uns für die Zukunft „hinter die Ohren schreiben"?"

- "Worauf sollten wir beim nächsten Treffen besonders achten?"

☐ Situationsbezogen

Alle Aktivitäten, die in einer Moderation ablaufen, müssen situationsbezogen sein; dies gilt auch für das Blitzlicht. Die Frage, die der Moderator stellt, muß sich deshalb immer auf das Thema der gemeinsamen Arbeit und / oder die „Hier-und-jetzt-Situation" beziehen. Sie bezieht sich nicht auf Dinge, die augenblicklich für das Gruppengeschehen nicht relevant sind.

Auf den folgenden Seiten finden Sie Beispiele für Visualisierungen, die zur Durchführung eines visuellen Blitzlichtes verwandt werden können.

Was sich in der / für die konkrete/n Situation eignet, muß der Moderator in der jeweiligen Situation meist kurzfristig vor Ort entscheiden.

Ein Blitzlicht muß meist kurzfristig entworfen werden!

Was halten Sie
von der Einführung
des neuen Systems?

unsinnig	weiß nicht	überfällig

Wieviel haben wir
bisher schon
geschafft?

Wie empfanden Sie
in dieser Moderation
den Umgang
miteinander?

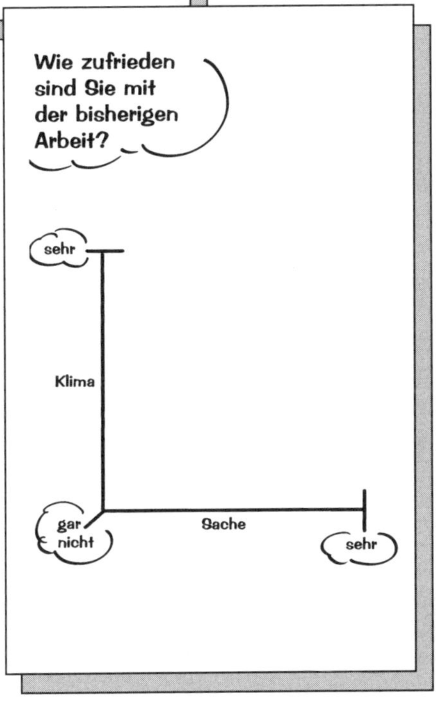

Wie zufrieden
sind Sie mit
der bisherigen
Arbeit?

sehr

Klima

gar
nicht

Sache

sehr

Die Feedback-Technik

Was?

Feedback bedeutet Rückmeldung. Feedback ist eine Information an einen Teilnehmer oder die gesamte Gruppe darüber, was sein / ihr momentanes Verhalten bewirkt.

Wann?

Das Verhalten eines Teilnehmers oder das der gesamten Gruppe stört die (volle) Arbeitsfähigkeit der Gruppe. Dies ist beispielsweise der Fall, wenn ein Gruppenmitglied ...

- mit einem anderen Teilnehmer tuschelt,
- wiederholt den Raum verläßt,
- anderen ins Wort fällt,
- Beiträge anderer Teilnehmer abwertet,
- nebenbei Schreibarbeiten erledigt,
- liest,
- telefoniert,
- schläft.

In derartigen Fällen ist der Moderator gehalten, die Störung anzusprechen und möglichst zu beseitigen. Wichtig ist dabei, daß es sich um eine Störung handelt, die **die Arbeitsfähigkeit der Gruppe und / oder des Moderators beeinträchtigt**, und nicht nur um etwas, was der Moderator dem einen oder anderen „gerne mal sagen würde", denn:

Feedback bedarf stets der Legitimation!

In der Moderation ist die Legitimation die eingetretene Störung der Arbeitsfähigkeit. Sie gibt dem Moderator das Recht, Rückmeldung zu geben. Eine persönliche Rückmeldung darüber, wie das Verhalten des einen oder anderen Teilnehmers auf ihn wirkt, muß ansonsten vom Empfänger explizit erbeten sein. Eine moderierte Gruppe ist keine Selbsterfahrungsgruppe!

Wozu?

Feedback hat - wie bereits angesprochen - zum Ziel, störendes Verhalten bewußtzumachen und zu beseitigen oder zumindest zu mildern.

Wie?

Feedback ist eine massive Intervention. Der Moderator sollte deshalb grundsätzlich stufenweise vorgehen!

❐ Erste Stufe: Übersehen / Überhören

Es ist nicht sinnvoll, auf störendes Verhalten sofort zu reagieren. Vielleicht ist es ja im nächsten Augenblick schon wieder vorbei, und es ist gar nicht nötig, es zum Thema zu machen.

Der Moderator kann durch Blicke und Gesten zur Mitarbeit einladen!

❐ Zweite Stufe: Durch Blicke und / oder Gesten ermahnen und zur konstruktiven Mitarbeit einladen.

Wenn störendes Verhalten andauert, muß der Moderator dagegen vorgehen. Ein fragender, ernster oder gar „strafender" Blick kann durchaus ausreichen, um die Störung bewußtzumachen und den Störer zu veranlassen, das störende Verhalten abzustellen.

☐ Dritte Stufe: Gezielt Rückmeldung geben

Wenn alles nichts hilft, ist der Moderator gezwungen, die Sache „auf die Hörner zu nehmen" und das störende Verhalten „offiziell" zu machen.

Er wird hierzu:

■ Eine Störung anmelden: „Ich habe ein Problem!"

■ Sagen, was (ihn) momentan konkret stört oder behindert: „Herr Meier, Sie sind seit zehn Minuten am Schreiben."

■ Sagen, was dadurch bei ihm oder in der Gruppe (von der Sache her und / oder emotional) entsteht: „Ihre Nebentätigkeit lenkt mich ab, und Sie fallen mit Ihrem Know-how für die Gruppe aus."

■ Eine Bitte, einen Wunsch äußern oder ein Angebot machen: „Bitte, stellen Sie diese Aktivitäten zurück, und machen Sie wieder mit!"

■ Vereinbaren, wie es nun weitergeht: „Ist das für Sie möglich - ja?"

■ Für das (Ein-)Verständnis danken: „Danke!"

Zeigt der entsprechende Teilnehmer kein Einsehen, ist gemeinsam zu beratschlagen, wie die Störung behoben werden kann, und entsprechend zu verfahren. Gegebenenfalls hilft eine kurze Pause, der Teilnehmer klinkt sich aus, oder es wird (in besonders krassen Fällen) die weitere Arbeit vertagt und die Veranstaltung abgebrochen.

Feedback muß annehmbar sein!

Ob ein Teilnehmer ein Einsehen hat, ist häufig auch vom Geschick des Moderators und dessen Fähigkeit, Rückmeldung zu geben, abhängig.

Beim Geben von Feedback oder Rückmeldung ist es wichtig, daß diese annehmbar ist. Nur wenn die Rückmeldung annehmbar ist, kann das anvisierte Ziel erreicht werden: Die Beseitigung der Störung.

Wenn Rückmeldung folgenden Kriterien genügt, ist die Chance groß, daß sie angenommen wird:

☐ Ich-Botschaften

Rückmeldung ist höchst subjektiv. Deshalb ist es notwendig, stets von seinem subjektiven Eindruck zu sprechen und ICH-Botschaften zu formulieren (vgl. „Die Sache mit den zwei Ebenen" - Seite 13 ff). ICH-Botschaften sind Selbstmitteilungen (der Sender spricht ja von sich) und sind weniger bedrohlich. Sie provozieren daher weniger Abwehr beim Empfänger. DU-Botschaften klingen dagegen eher anklagend und maßregelnd. Der Moderator sollte sie unbedingt vermeiden.

Ein einfaches Beispiel ist die Aussage: „Du redest wirres Zeug!" statt „Ich kann dir nicht folgen!"

☐ Zeitliche Nähe

Rückmeldung muß stets zeitlich nah sein, damit der Empfänger weiß, worum es geht, und die Störung „sofort" behoben werden kann. Zeitliche Nähe ist auch dann noch gegeben, wenn sich der Moderator entscheidet, das störende Verhalten erst in der nächsten Pause - unter vier Augen - anzusprechen.

☐ Auf Verhalten bezogen

Rückmeldung ist keine Bewertung einer Person! Rückmeldung zielt auf **Verhalten** ab. In unserem Falle auf störendes Verhalten. Die pauschale Bewertung einer Person ist unbedingt zu vermeiden. Sie ist weder legitim noch kann sie zutreffend sein.

☐ Konkret

Feedback muß in zeitlicher Nähe erfolgen!

Rückmeldung darf nicht jemanden als Person beschreiben, sondern muß sich stets an konkretem Verhalten „festmachen" lassen. Nur so kann der Empfänger etwas damit anfangen. Ein Beispiel: „Mir hat gut gefallen, wie Du heute mittag am Tisch ..." statt: „Du warst heute gut!".

Die Technik der visuellen Diskussion

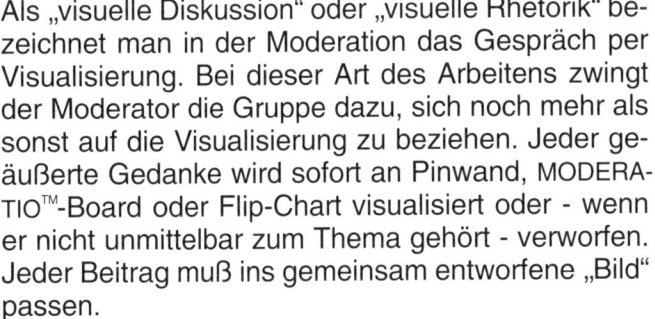

Was?

Als „visuelle Diskussion" oder „visuelle Rhetorik" bezeichnet man in der Moderation das Gespräch per Visualisierung. Bei dieser Art des Arbeitens zwingt der Moderator die Gruppe dazu, sich noch mehr als sonst auf die Visualisierung zu beziehen. Jeder geäußerte Gedanke wird sofort an Pinwand, MODERA-TIO™-Board oder Flip-Chart visualisiert oder - wenn er nicht unmittelbar zum Thema gehört - verworfen. Jeder Beitrag muß ins gemeinsam entworfene „Bild" passen.

Wann?

„Visuelles Diskutieren" ist eine Technik, die Arbeit zu straffen. Sie ist immer dann angezeigt, ...

☐ wenn eine allgemein breite Diskussion gestrafft werden soll,

☐ wenn ein Vielredner gebremst werden soll,

☐ wenn es darauf ankommt, „auf Tempo zu machen".

Visuelles Diskutieren zwingt die Teilnehmer zur Konzentration auf das Wesentliche. Sie knebelt dadurch das Gespräch und somit den emotionalen Kontakt untereinander. Der Moderator sollte diese Arbeitstechnik deshalb nur sparsam einsetzen. Ihren Einsatz sollte er begründen:

„Es wurden jetzt schon viele Gedanken zu diesem Punkt geäußert. Ich schlage vor, wir verschaffen uns mal einen Überblick dazu. Ich schlage vor, wir gehen dabei so vor, daß ..."

Wozu?

Im Moderationsablauf gibt es im allgemeinen Phasen, in denen sich die Gruppe von der Visualisierung löst und frei diskutiert. Der Moderator hat dafür zu sorgen, daß diese Exkurse nicht zu breit und nicht zu lang werden und das Gespräch effektiv bleibt.

Im Rahmen der visuellen Diskussion wird er sein ganzes Augenmerk darauf legen, das Gespräch so straff wie möglich zu führen, um Exkurse und gedankliches Springen in engen Grenzen zu halten.

Durch diese Technik kann der Moderator die Arbeit (extrem) straffen.

Wie?

Der Moderator visualisiert **alle** Beiträge auf dem Flip-Chart oder der Pinwand mit. Er benutzt hierzu das Netzbild.

Das Netzbild ist eine Visualisierungsmethode, die nach der Baumstruktur aufgebaut ist. Verwandte davon sind die „Explosionszeichnung" und das „Mind Map".

Der Ausgangspunkt der Darstellung ist die Mitte, dort steht das Thema. Danach werden alle Nennungen von diesem Zentrum ausgehend mitvisualisiert. Der Moderator muß dabei jede Nennung **sofort** auf ihren Bezug zum momentan diskutierten Thema / Aspekt prüfen.

Dies kann er mit Fragen, wie:

- ☐ „Wo gehört das hin?"
- ☐ „Wo soll ich das dazuschreiben?"
- ☐ „Wie soll ich diesen Gedanken formulieren?"
- ☐ „Ich kann das jetzt nicht zuordnen - gehört das dazu, oder ist das ein anderes Thema?"
- ☐ „Können wir dieses Thema separat behandeln?"

Netzbild

Übrigens ...

... um Menschen zu beeinflussen, braucht man Techniken, diese sollten aber niemals manipulativ sein!

Nachdem sie die Karten gelegt hatte, betrachtete die Zigeunerin lange die Handlinien ihres Kunden: „In Ihrem Garten liegt ein Schatz", sagte sie schließlich. Graben Sie in der nächsten Neumondnacht zwischen null und ein Uhr, aber hüten Sie sich, an ein Nilpferd zu denken!"

Der Mann tut, wie ihm geheißen. Kurz nach halb eins wirft er die Schaufel fort: „Verflucht! Mein Lebtag habe ich an kein Nilpferd gedacht, aber jetzt!" *

Viel Mut und Geschick zur Steuerung
Ihrer Gruppen wünscht Ihnen
Ihr

Josef W. Seifert

* aus: Marco Aldinger, Bewußtseinserheiterung,
Verlag Marco Aldinger, Freiburg 1989

Literatur

Klaus Antons
Praxis der Gruppendynamik
5. Auflage
Verlag Dr. C. J. Hogrefe
Göttingen - Tornoto - Zürich 1992

Ruth Cohn
Von der Psychoanalyse zur Themenzentrierten
Interaktion
12. Auflage
Klett-Cotta
Stuttgart 1994

Eckard König, Gerda Volmer
Systemische Organisationsberatung
1. Auflage
Deutscher Studien Verlag
Weinheim 1993

Josef W. Seifert
Besprechungs-Moderation
2. Auflage
GABAL Verlag
Offenbach 1995

Josef W. Seifert
Mitarbeiter-Gruppen
2. Auflage
GABAL Verlag
Bremen 1994

Josef W. Seifert
Visualisieren - Präsentieren - Moderieren
8. Auflage
GABAL Verlag
Offenbach 1995

Thies Stahl
Neurolinguistisches Programmieren (NLP)
4. Auflage
PAL Verlagsgesellschaft Mannheim
Mannheim 1994

Inghard Langer, Friedemann Schulz von Thun,
Reinhard Tausch
Sich verständlich ausdrücken
2. Auflage
Ernst Reinhardt Verlag
München 1981

Barbara Langmaack / Michael Braune-Krickau
Wie die Gruppe laufen lernt
3. Auflage
Psychologie Verlags Union
München 1989

Dieses Verzeichnis erhebt keinen Anspruch auf
Vollständigkeit. Einige der genannten Bücher gaben
konkrete Anregungen für das vorliegende Buch.
Andere sind als weiterführende Literatur gedacht.

Viel Spaß bei der Lektüre!

Verzeichnis der Abbildungen

Stichwortverzeichnis

MODERATIO™
Prozeßberatung und Training

✓ Prozeßberatung

- ☐ Gestaltung von Veränderungs-
  prozessen in moderierter Form:
  Teamentwicklung, Reorganisa-
  tion, Einführung von Gruppen-
  arbeit, „Mitarbeiter-Gruppen" ...

  ... in Form von Beratungsge-
  sprächen, Einzelworkshops und
  Workshopreihen

✓ Training

- ☐ Offenes Qualifizierungs-Angebot
  zum Themenkomplex Moderation
  und teamorientiertes Führen

- ☐ Maßgeschneiderte
  In-House-Trainings

**Sprechen Sie uns an! Wir
informieren Sie gerne näher
über unsere Leistungen!**

MODERATIO
Seifert & Partner GbR
Langenbrucker Str. 4
85309 Pörnbach-Puch
Tel.: 0 84 46 / 9 20 30
Fax: 0 84 46 / 9 20 333

Gesellschaft zur Förderung
Anwendungsorientierter
Betriebswirtschaft und
Aktiver
Lehrmethoden e. V

Bundesgeschäftsstelle
Hagedorns Kamp 11
51067 Köln

Tel.: (0221) 680 64 83
Fax: (0221) 680 62 96

GABAL e. V. stellt sich vor

1976 gründeten Praktiker aus Wirtschaft und Hochschule die gemeinnützige GABAL e. V.

Schwerpunkte unserer Arbeit sind

*   Förderung von Kommunikation zwischen Wirtschaftspraxis und Hochschule
*   Entwicklung und Förderung von Weiterbildungskonzepten zur Persönlichkeits- und Unternehmensentwicklung für das neue Jahrtausend
*   Fachübergreifendes Weiterbildungskonzept für mehr Erfolg im beruflichen und privaten Leben „STUFEN zum Erfolg – STUdium Fundamentale, Efficiens, Naturale"
*   Förderung der Publikationen preisgünstiger arbeitsmethodischer Schriften für Aus- und Weiterbildung einschließlich entsprechender Trainerleitfäden
*   Präsentationen neuer Erkenntnisse, Modelle und Konzepte auf den GABAL-Symposien und -Seminaren. Die zweimal jährlich stattfindenden GABAL-Symposien bieten durch ihre einzigartige Struktur vielfältiger „Schnupper"-Workshops einen breiten Überblick über die aktuelle Thematik
*   GABAL-Regionalgruppen als Basis der Kommunikation zwischen Mitgliedern „vor Ort"

Der Vorstand der GABAL e. V. wird beraten durch ein Kuratorium, dem maßgebende Institutionen und Spitzenverbände der deutschen Wirtschaft angehören, z. B. das Institut der deutschen Wirtschaft (IW) in Köln sowie der Deutsche Industrie- und Handelstag (DIHT) in Bonn

Ihr Nutzen

- Kontakte zu Unternehmen, Multiplikatoren und Kollegen, auch international
- Möglichkeit zur aktiven Mitarbeit in Regionalgruppen sowie regionale Seminarangebote
- Mitgliedersonderpreise für GABAL-Seminare und -Symposien sowie Train-the-Trainer-Seminare
- Sechsmal jährlich kostenfreie Belieferung der Zeitschrift „Wirtschaft & Weiterbildung" incl. der GABAL-Informationsschrift „Impulse"
- Jährlicher Gutschein über 75,- DM für Medien des GABAL-Verlags, darüber hinaus 20% Rabatt auf die GABAL-, PLS,- und JÜNGER-Medien

Was bieten wir unseren Mitgliedern?

- Kommunikation, insbesondere auf den GABAL-Symposien und im Rahmen der Regional-Veranstaltungen.

Die Themen der letzten Symposien waren:

➠ Mit „STUFEN"-Schritten zum Erfolg
➠ Den Wandel lernen
➠ Die lernende Organisation
➠ Erfolg durch Qualität
➠ Mensch – Team – Netzwerk

Unsere Seminar-Thematik:
Weiterentwicklung von Organisationen durch fachübergreifende und persönliche Weiterbildung des einzelnen.

Infoscheck

Ja, ich will GABAL näher kennenlernen und erwarte Informationsmaterial

GABAL e. V.
Bundesgeschäftsstelle
Hagedorns Kamp 11

51067 Köln

per Fax:
(0221) 680 62 96

Name

Straße/Postfach   PLZ, Ort

Telefon   Fax

Bitte heraustrennen oder kopieren

Beruf & Karriere

Josef W. Seifert

Visualisieren Präsentieren Moderieren

Josef W. Seifert
Besprechungs-Moderation
Mit neuen Techniken effektiv
leiten, erfolgreich teilnehmen,
Zeit sparen
88 Seiten, A5
viele Illustrationen
DM 24,80/öS 184,-/sFR 24,80
ISBN 3-923984-93-6

Lothar J. Seiwert
Selbstmanagement
Persönlicher Erfolg,
Zielbewußtsein,
Zukunftsgestaltung
80 Seiten, A5
viele Abbildungen
DM 24,80/öS 184,-/sFR 24,80
ISBN 3-923984-45-6

Josef W. Seifert
Visualisieren, Präsentieren,
Moderieren
176 Seiten, A5
viele Illustrationen
DM 29,80/öS 221,-/sFR 29,80
ISBN 3-930799-00-6

Josef W. Seifert
Gruppenprozesse steuern
Als Moderator Energien
bündeln, Konflikte bewältigen,
Ziele erreichen
100 Seiten, A5
DM 24,80/öS 184,-/sFR 24,80
ISBN 3-930799-04-9

Rolf Kraus, Josef W. Seifert
Mitarbeiter-Gruppen
KAIZEN erfolgreich entwerfen,
umsetzen
80 Seiten, A5
viele Abbildungen
DM 24,80/öS 184,-/sFR 24,80
ISBN 3-923984-94-4

Jacques Boy, Christian
Dudek, Sabine Kuschel
Projektmanagement
Grundlagen, Methoden und
Techniken, Zusammenhänge
160 Seiten, A5
viele Abbildungen
1 MS-DOS-Diskette 3,5"
DM 39,80/öS 295,-/sFR 38,80
ISBN 3-930799-01-4

Lothar J. Seiwert
Das neue 1 x 1 des
Zeitmanagement
Zeit im Griff, Ziele in Balance,
Erfolg mit Methode
128 Seiten, A5
viele farbige Abbildungen
DM 24,80/öS 184,-/sFR 24,80
ISBN 3-923984-89-8

Winfried U. Graichen, Lothar J.
Seiwert
Das ABC der Arbeitsfreude
Techniken, Tips und Tricks für
Vielbeschäftigte
80 Seiten, A5
viele Abbildungen
DM 24,80/öS 184,-/sFR 24,80
ISBN 3-923984-43-X

Alexander Groflmann
Erfolg hat Methode!
Durch ganzheitliches
Selbstmanagement effektiver
arbeiten, seine Zukunft
gestalten, glücklicher leben
160 Seiten, A5, farb., viele Abb.
DM 29,80/oS 221,-/sFR 29,80
ISBN 3-930799-03-0

Roth, Seiwert, Stelling,
Wagner
Zeitmanagement-Methoden
auf dem Prüfstand
Management mit Zeitplanbuch,
PC und PDA
200 Seiten, A4
DM 35,00/öS 259,-/sFR 34,00
ISBN 3-923984-88-X

Weston H. Agor
Intuitives Management
Die richtige Entscheidung zur
richtigen Zeit
211 Seiten, A4
DM 69,00/öS 511,-/sFR 65,00
ISBN 3-923984-95-2

Für weitere Titel fordern Sie bitte unseren kostenlosen Gesamtkatalog an:
GABAL VERLAG, Tel. 0 69/84 00 03-0 oder in Ihrer Buchhandlung.

Neues Lernen		Persönlichkeits-entwicklung

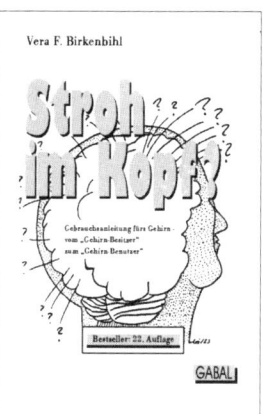

Vera F. Birkenbihl
Sprachen lernen leicht gemacht
Die Birkenbihl-Methode:
Vokabelpauken verboten,
schnelles Anwenden, verblüffend einfach
176 Seiten, A5
viele Abbildungen
DM 29,80/öS 221/sFR 29,80
ISBN 3-923984-49-9

Vera F. Birkenbihl
Stroh im Kopf?
Gebrauchsanleitung fürs Gehirn - vom "Gehirn-Besitzer"
zum "Gehirn-Benutzer"
180 Seiten, A5
viele Abbildungen
DM 29,80/öS 221/sFR 29,80
ISBN 3-923984-99-5

Barbara Meister Vitale
Lernen kann phantastisch sein
Kinderleicht, kindgerecht, kreativ
136 Seiten, 265 x 210 mm
viele Fotos und Abbildungen
DM 36,00/öS 266/sFR 35,00
ISBN 3-923984-18-9

Harald Scheerer
Reden müßte man können
Selbstbewußt auftreten,
Persönlichkeit einsetzen,
Zuhörer begeistern
136 Seiten, A5
viele Abbildungen
DM 24,80/öS 184/sFR 24,80
ISBN 3-923984-38-3

Bertold Ulsamer, Claus Blickhan
NLP für Einsteiger
Einstieg in das Neuro-Linguistische Programmieren
80 Seiten, A5
viele Abbildungen
DM 24,80/öS 184/sFR 24,80
ISBN 3-923984-47-2

Mogens Kirckhoff
Mind Mapping
Einführung in eine kreative Arbeitsmethode
120 Seiten, A4
4-farbige Abbildungen
DM 36,00/öS 266/sFR 35,00
ISBN 3-923984-80-4

Manfred Lucas
Hören - Hinhören - Zuhören
150 Seiten, A5
viele Abbildungen
DM 24,80/öS 184/sFR 24,80
ISBN 3-923984-98-7

Bertold Ulsamer
Exzellente Kommunikation mit NLP
Als Führungskraft den Draht zum anderen finden
152 Seiten, A5, farb. Abb.
DM 29,80/ öS 221/sFR 29,80
ISBN 3-923984-48-0

Ingemar Svantesson
Mind Mapping und Gedächtnistraining
112 Seiten, A4
4-farbige Abbildungen
DM 36,00/öS 266/sFR 35,00
ISBN 3-923984-81-2

Barbara Meister Vitale
Frei Fliegen
Mut zu mehr Phantasie, Intuition, Chaos
112 Seiten, A5
DM 24,80/öS 184/sFR 24,80
ISBN 3-923984-46-4

Für weitere Titel fordern Sie bitte unseren kostenlosen Gesamtkatalog an: GABAL VERLAG, Tel. 0 69/84 00 03-0 oder in Ihrer Buchhandlung.

JÜNGER GABAL Audio-Selbstlernprogramme

  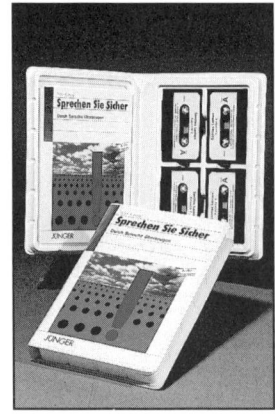

Vera F. Birkenbihl
Stroh im Kopf
"Anleitung fürs Gehirn - vom
"Gehirn-Besitzer" zum
"Gehirn-Benutzer"
3 Tonkassetten,
ISBN 3-923984-66-9
DM 98,-/öS 725/sFR 91,-

Egon R. Sawizki
Selbst-Management
Konzepte zur Verbesserung der
persönlichen Lebensqualität
2 Tonkassetten, Arbeitsbuch
ISBN 3-89467-265-X
DM 79,-/öS 585/sFR 74,-

Peter R. Heigl
Sprechen Sie sicher
Rhetorikkurs um Gespräche,
Reden und Vorträge sicher und
ausdrucksvoll zu führen
4 Tonkassetten, Arbeitsbuch
ISBN 3-89467-127-0
DM 98,-/öS 725/sFR 91,-

Herbert Namokel
**Die moderierte
Besprechung**
Arbeitstechniken und
Methoden zur Steuerung und
Führung von Besprechungen
1 Tonkassette, Arbeitsbuch
ISBN 3-89467-271-4
DM 59,-/öS 437/sFR 56,-

Winfried Erb
**Konfliktfreie
Gesprächsführung**
Konflikte auf konstruktive
Weise zu lösen.
1 Tonkassette, Arbeitsheft
ISBN 3-927225-13-4
DM 39,-/öS 289/sFR 38,-

Susanne Köster
**Fähigkeiten erkennnen,
entfalten, nutzen**
Lebensqualität + Erfolg
mit NLP
2 Tonkassetten, Arbeitsbuch
ISBN 3-89467-217-X
DM 79,-/öS 585/sFR 74,-

**Für weitere Titel fordern Sie bitte unseren kostenlosen Gesamtkatalog an:
JÜNGER VERLAG, Tel. 0 69/84 00 03-0 oder in Ihrer Buchhandlung.**